全国社会工作者职业水平考试(初级)统考教材

社会工作实务

全国社会工作者职业水平考试统考教材编委会　编

中国铁道出版社有限公司
CHINA RAILWAY PUBLISHING HOUSE CO., LTD.

图书在版编目(CIP)数据

社会工作实务/全国社会工作者职业水平考试统考教材编委会编.—北京:中国铁道出版社有限公司,2019.12

全国社会工作者职业水平考试(初级)统考教材

ISBN 978-7-113-26290-7

Ⅰ.①社… Ⅱ.①全… Ⅲ.①社会工作-中国-水平考试-教材 Ⅳ.①D632

中国版本图书馆 CIP 数据核字(2019)第 213887 号

书　　名: 全国社会工作者职业水平考试(初级)统考教材
社会工作实务

作　　者: 全国社会工作者职业水平考试统考教材编委会

责任编辑: 马慧君　　　　**电　　话:** 010-51873005

编辑助理: 叶凯娜

封面设计: 未来教育

责任校对: 王　杰

责任印制: 赵星辰

出版发行: 中国铁道出版社有限公司 (100054,北京市西城区右安门西街 8 号)

网　　址: http://www.tdpress.com

印　　刷: 三河市兴达印务有限公司

版　　次: 2019 年 12 月第 1 版　2019 年 12 月第 1 次印刷

开　　本: 787 mm×1 092 mm　1/16　印张:10　字数:237 千

书　　号: ISBN 978-7-113-26290-7

定　　价: 40.00 元

编 委 会

本教材适用于备考初级社会工作者职业水平考试。全国社会工作者职业水平考试统考教材编委会根据人力资源和社会保障部、民政部新印发的《初级社会工作者考试大纲》，结合对历年真题考点的细致分析，编写了本教材，旨在帮助考生全面理解和掌握考试大纲的内容，更好地复习备考。

本教材模块

为了便于考生更好地理解和使用本书，下面对本教材中主要涉及的模块功能进行简单介绍。

1. 本章应试分析

本章应试分析模块主要是介绍该章的主要内容，在历年考试中所占的分值、考试题型以及学习方法，并对该章在考试中的整体考情做综合分析。通过应试分析，考生可以有效掌握该章的重点以及命题方向，避免盲目复习。

2. 思维导图

思维导图模块主要是将整章的思维脉络通过关系图表现出来，并在考点后面标注了“重点掌握、掌握、熟悉、了解”4 种不同程度的复习要求。通过思维导图，考生不仅可以对该章的整体框架有大致了解，同时也能把握复习的要求，有针对性地进行复习，大大提高复习效率。

3. 名师同步精讲

名师同步精讲模块是本书的核心所在，主要是通过对历年真题的分析，将教材中的重要知识点进行精编汇总，多考多讲，少考少讲。我们竭力提炼考点，减少繁冗的叙述，帮助考生高效率掌握考点，减少学习压力。同时，我们对非常重要的知识点进行了标色处理，蓝色为重要的知识点，蓝色加粗为非常重要的知识点。

在该模块中，我们提供了两个核心的功能，对考生是非常有帮助的。

第一，名师指导。一方面对各个考点在历年考试中的出题情况进行详细介绍，并列明高频考查方向；另一方面对教材中一些有窍门记忆或者需要关注的地方进行提点。

第二，母题精选。这些母题是在历年考试中较多涉及且具有代表性的题目，其中，大多为考试真题，部分为老师精选的比较有代表性的题目。此外，每道母题均配有二维码，考生可通过扫描二维码查看该题的详细解析或视频，也可以练习相应的子题。通过母题，考生不仅能够了解各个知识点在考试中的考查形式，也可以有效掌握考试中的重要知识点，同时做到知识点的灵活运用。

4. 章节练习

在章节练习模块，考生可通过扫描二维码进入微信版题库进行章节练习。在题库中，我们提供了大量真题、模拟题供考生练习，既弥补了纸质教材章节练习题量限制的缺陷，又能让考生随时随地进行练习，有效地节省了时间。

配套题库——智能考试学习系统

本教材搭配配套的智能考试学习系统的使用,能达到更好的复习效果。配套题库系统包括智能题库微信版和智能题库网页版两部分,考生可根据自己的实际情况,在不同的环境下选择不同的练习方式,充分利用自己的时间。另外,在题库系统中有考点速记、每日特训、章节练习、真题必练、模拟押题、错题训练等功能。考生在学习过程中,可根据自己的学习进度选择相应功能,固本培新。

联系我们

尽管编委会成员本着精益求精的态度编写本教材,但由于时间有限,书中难免有错漏和不足之处,恳请广大读者批评指正。联系邮箱为 weilaijiaoyucaijing@ foxmail. com。

祝所有考生顺利通过考试!

全国社会工作者职业水平考试统考教材编委会

开　篇　考情分析与复习指导

第一节　考情分析

一、考试介绍

全国社会工作者职业水平考试是由人力资源和社会保障部、民政部共同实施，全国统一考试大纲、统一考试试卷及考试时间。考试每年举行一次，设初级、中级两个级别，初级分为“社会工作实务”和“社会工作综合能力”两个科目，中级分为“社会工作实务”“社会工作综合能力”和“社会工作法规与政策”三个科目。

初级社会工作者考试的报名条件、报名时间、考试时间、考试题型、考试时长等相关信息，考生可扫描右侧二维码查看具体内容。

二、历年考情分析

为了更好地掌握考试情况，本书分析了近8年考试真题的分布情况。在历年考试真题数据分析的基础上，编者整理了每一章在历年考试中涉及的题型、题量、平均分值。具体见表1。

表1　历年考试真题平均分布情况

所属章节	单选题	多选题	分值
第一章　社会工作实务的通用过程	5~6题	2~3题	约9~12分
第二章　儿童社会工作	4~5题	1~2题	约6~9分
第三章　青少年社会工作	4~5题	1题	约6~7分
第四章　老年社会工作	3~5题	1~3题	约7~9分
第五章　妇女社会工作	3~5题	1~3题	约7~9分
第六章　残疾人社会工作	3~5题	1题	约5~6分
第七章　矫正社会工作	3~4题	1~2题	约6~7分
第八章　优抚安置社会工作	3~4题	2题	约7~8分
第九章　社会救助社会工作	4~5题	0~2题	约4~9分
第十章　家庭社会工作	3~6题	0~2题	约6分
第十一章　学校社会工作	3~5题	0~2题	约5~9分
第十二章　社区社会工作	3~5题	2~3题	约9~11分
第十三章　医务社会工作	4~5题	1~3题	约7分
第十四章　企业社会工作	3题	0~1题	约3~5分

关于更多章节考情分析，考生可查看后文每章的考点考情分析。

三、命题规律分析

在历年考试真题分析的基础上，我们发现“社会工作实务”科目考试有明显的规律。

(一)章节题量分值分布不均,不固定

与“社会工作综合能力”科目不同,“社会工作实务”科目的考查更有变化性和跳跃性。这一点我们从上表中每一章的题量、分值预估就可以看出来。全书共14章,每一章每年涉及的考试题型、题量和分值变化幅度都比较大,不具有很明确的指向性,这为我们的备考复习增加了难度。在后面的正文中,我们结合对历年考试题目和出题规律的分析,对每个考点的考查情况均做了详细说明,考生在学习的时候可以有针对性地进行复习。

另外,第一章和第十二章所占分值比重比较突出,高于其他章节,属于重点学习章节。考生在学习时间和精力上要略有侧重。

(二)考查形式灵活多变

“社会工作实务”科目考试题目非常灵活,同一个知识点,单选题、多选题都有可能会考查,题目多为案例分析题,可考查的方向也非常多。“社会工作综合能力”科目侧重于理论学习;而“社会工作实务”科目则侧重于实践应用,难度更大一些。根据以往的考试通过率调查显示,“社会工作实务”科目的通过率要比“社会工作综合能力”科目低很多。

(三)出题以案例分析题为主

“社会工作综合能力”科目在考试中更多侧重于从理论到实践(根据案例,分析运用原理怎么解决问题);而“社会工作实务”科目则侧重于从实践到理论(根据案例,分析题目中运用了什么原理解决问题)。比较典型的题目比如:

【单选题】某社区为解决停车位严重不足的问题,决定建设立体停车场,相关部门已就停车场的选址、建设方案、开工时间、资金问题以及后续管理等拟定了详尽的计划。为征求居民意见,居委会的社会工作者将计划张贴在社区的几处重要位置。社会工作者上述做法,属于推动居民参与方式中的(　　)。(真题)

A. 告知　　B. 咨询　　C. 协商　　D. 共同行动

下面分析一下出题思路。

(1)在给出的案例中获取关键信息:“……停车位不足……相关部门拟定详尽的计划征求意见……将计划张贴在社区……”(明白案例的来龙去脉)

(2)提出问题,关键信息:“……属于推动居民参与方式中……”(本题考核要点是“推动居民参与方式”)

(3)选项A、B、C、D。(选项结合案例信息,给出不同的答案)

案例中最重要的信息是“推动居民参与方式”,本题考查的是推动居民参与方式的区别。选项A、B、C、D均属于推动居民参与的方式,很容易误选选项A,考生可能会觉得张贴行为属于一种告知,但是告知是从上而下的沟通过程,是上级传达给下级,下级的意见不会影响告知行为;咨询则侧重于征求意见,因此选项B更符合本题的题意。

将解题思路总结如下。

第一步:分析题目的考查点(通常在问题中体现)。

第二步:分析题目给出案例中的有用信息。

第三步:分析选项,哪一个最符合题目考查内容。

解题思路需要考生在实际练习中,不断深入理解和完善。在本书中,精选了大量母题,考生可以结合所学,深入理解并掌握。

四、答题技巧

(一)不符合伦理道德的选项肯定不对

社会工作者是一个很温情的职业,强调"专业助人"。作为社会工作者,在处理案件时,要想办法帮助服务对象解决困难。在答题过程中,不符合人文关怀、伦理道德的选项,肯定是不正确的。

(二)理论与实践结合

近年,初级社会工作师考试的题目考查形式多为案例分析题,强调的是社会工作者对于理论的运用能力。在答题的时候,可以先从理论着手,再联系实际,找到最符合题意的处理方式。具体示例可以参照上面的例题。

(三)先易后难

考试时长是固定的,考生必须在规定的时间内做完全部的题目,所以做题速度也是平时测试训练的一个重要方面。在做题的时候,我们强调把会做的题目先做完,不会做或者不太确定的题目可以先标记一下。等完成全部答题之后,再回头检查。这样可以争取把能拿到的分都拿下,提高得分率。

(四)了解考试规则

初级社会工作师考试只有客观题,包含2种题型——单选题和多选题。比较特殊的是多选题的得分规则:多选题有5个选项,但其中只有2~4个选项正确,答对1个得0.5分,全答对得满分(2分),答错不得分。了解了这个考试规则,我们在答题的时候如果想多得分,就需要规避错误选项,不确定的选项尽量不要选。

第二节 复习指导

一、如何使用本书

这套书采用双色、边栏的形式进行整体编排,与以往的单排或者双排格式有很大的不同。本书中,主要包含以下模块:

(1)本章应试分析(如图1)。主要介绍了本章知识点在历年考试中的考查情况,包括考试分值、题型、题量、学习建议等,所有的数据都是根据近8年考试真题数据分析所得,考生可作为学习时的重要参考依据。

• 本章应试分析

本章主要介绍了社会工作实务的通用过程。在历年考试中,本章涉及分值约为10分,占分比重比较高,通常会出5~6道单选题,2~3道多选题*。

本章属于基础性章节,考试时多为案例分析题,通过分析案例得出使用基础知识。考生在学习时,不应死记硬背,而应侧重于对知识点的理解和运用。

图1 本章应试分析

(2)思维导图(如图2)。思维导图是对章节知识点脉络进行梳理,并在此基础上,将不同知识点的学习要求标注出来。一方面帮助考生建立整体的框架意识,另一方面也方便考生快速获取不同知识点的学习要求。考生在学习的前期,可以根据思维导图了解章节内容和学习要求;在学习后期,可以根据学习要求选择重点复习范围。

• 思维导图

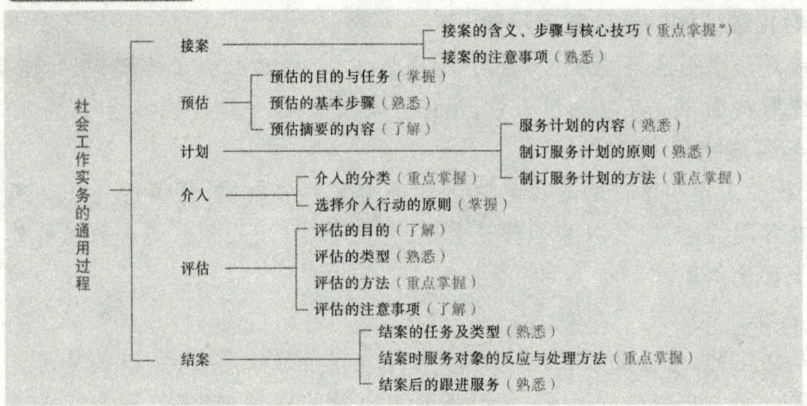

图2　思维导图

(3)核心模块一:名师同步精讲(如图3)。此模块通过表格形式,呈现知识点的具体内容。本书定位于应试指导教材,坚持多考多讲,少考少讲,缩小考生备考范围,将主要精力放在重点学习内容上。书中知识点的讲解力求精练,如果考生想获取更多细节内容,可以扫描节名旁边的二维码,进入题库系统中学习更细致的内容,并可以获取配套视频课程。

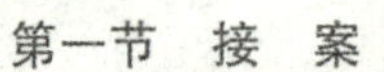

第一节　接　案

一、接案的含义、步骤与核心技巧(重点掌握)

(一)接案的含义

项　目	内　容
含义	接案是社会工作实务过程的第一步,是社会工作者与潜在服务对象接触并了解其需要,帮助其成为服务对象接受社会工作服务的过程,其目标是与服务对象建立良好的专业关系

图3　名师同步精讲

(4)核心模块二:名师指导(如图4)。在名师指导中,我们详细分析了每个知识点在历年考试中的考查情况,包括考查年份、考查题型题量以及主要考查方向,并对一些重要的知识点进行提示和分析。

名师指导

考查年份:2012～2019年。属于必考点*,每年会出2～4道单选题,偶尔会出1～2道多选题。主要考查方向:①接案阶段的判断。②服务对象的分类。③会谈前的准备工作。④会谈的任务和技巧。⑤收集服务对象的资料*。

图4　名师指导

(5)核心模块三:母题精选(如图5)。我们需要通过做题检测学习情况,备考时不能脱离考试实际情况。获取考试实际情况的最快捷方式就是考试真题。本书选取了大量的考试真题作为母题呈现,母题是考试中最典型的考查题型,考生通过练习母题,可以掌握考试的出题思路。在书中,考生学习完一个知识点之后,我们会根据考试情况,在后面放置不同的母题供考生练习检测。考生做完题之后,可以通过右侧的小栏目核对正确答案,并可以扫描右侧的二维码进入题库系统,查看详细的解析和视频讲解,同时可以练习与该题同考点的子题。

母题精选

【单选题】刘女士发现,上初中的儿子最近变得越来越难管,经常逃课,不想读书,刘女士为此很苦恼,遂向社会工作者老赵求助。老赵认真询问了刘女士的来访原因和求助过程,并对她的问题做了初步评估。老赵的上述工作属于通用过程中的(   )环节。(真题)

A. 接案   B. 预估   C. 介入   D. 评估

微信扫描

【答案】 A

图5 母题精选

二、制订学习计划

由于初级社会工作者考试的两个科目都是必考科目且要求同时通过,所以在学习时,要同等对待,同步复习。而制订详细的学习计划,可以让我们的备考事半功倍。"社会工作综合能力"科目共9章,"社会工作实务"科目共14章,根据历年考生的备考经验总结,两个科目正常的复习时间约为14周,下面为考生提供一套学习计划作为参考。

(一)第一阶段:基础学习和练习(10周)。

此阶段重点学习课本内容,平均每周每科可以学习1~2章内容。在具体的学习中,考生需以课本为主,本书配套的题库系统为辅,坚持【看一节教材+看一节视频课程+做一节习题】,将"看、听、练"结合起来。很多考生,只看不练,或者只练不看,都是不合适的。在配套资源丰富的情况下,我们希望考生能充分利用本套教材及其配套资源进行备考。

在一章学习完之后,考生可以在配套的题库系统中按章进行检测,查漏补缺。

主要学习工具:2本教材、2科视频课程和配套题库系统。

(二)第二阶段:综合检测(2周)。

在基础学习之后,考生对整体的课本内容有了较为细致的了解,我们需要通过综合检测来巩固前期所学内容。主要选择配套题库系统中的【真题必练】来进行综合检测。

历年真题对于复习有非常重要的参考意义。

在【真题必练】中包含2012~2019年的考试真题以及历年真题汇总,考生通过历年真题的检测,能够知道自己的真实考试水平,然后查漏补缺。

此外,在配套题库系统中还包含了押题试卷、模拟试卷,亦可作为重要的综合检测工具。

主要学习工具:2科配套题库系统。

(三)第三阶段:考前复习巩固(2周)。

临近考试,需要进行考前复习巩固。一方面,从教材内容着手,要复习前期教材中所学的重难点知识点,可以参考【思维导图】和【重难点索引】,将所学内容重新梳理一遍,巩固学习重要的知识点。另一方面,从做题着手,充分运用配套题库系统中【错题训练】,将前期做错和收藏的题目再练习一遍,查漏补缺。

在临考前2天,建议考生再做一遍近年的真题试卷,比如2018年、2019年的真题试卷,提高对考试题型和考查模式的熟悉感。

主要学习工具:2科教材和2科配套题库系统。

以上所提供的学习计划时间,只是为考生提供一个参考和复习思路。考生可以结合自己的实际情况,制订适合自己的学习计划。

三、学习技巧

(一)学习要看、听、练结合

我们建议考生在日常学习中,坚持【看一节教材 + 看一节视频 + 做一节练习】。将看书和做题结合起来,一方面没那么枯燥,另一方面也可以全面检测学习效果。另外,书中一些知识、理论比较深奥难懂,看视频课程,跟着老师学习,则能快速获取知识点关键信息。

本套书随书送视频课程,考生扫描每个节名旁边的二维码即可进入查看。

(二)充分利用配套题库系统

本书配套题库系统功能全面,包含了考点速记、章节练习、真题必练、错题训练等功能,并支持在手机、电脑、平板上操作运用。使用题库系统的好处主要是可以跟踪和记录做题数据,方便查看错题、收藏题和练习进度。

所有的成功都离不开有条理的计划和持之以恒的努力,祝愿每一个考生都能在求学的道路上一往直前!

备注:关于本书配套的智能考试题库系统的具体介绍和使用方法,请前往本书【附录二　智能考试题库系统使用指导】查看。

第一章　社会工作实务的通用过程

· 本章应试分析

本章主要介绍了社会工作实务的通用过程。在历年考试中，本章涉及分值约为 10 分，占分比重比较高，通常会出 5 ~ 6 道单选题，2 ~ 3 道多选题①。

本章属于基础性章节，考试时多为案例分析题，通过分析案例得出使用基础知识。考生在学习时，不应死记硬背，而应侧重于对知识点的理解和运用。

· 思维导图

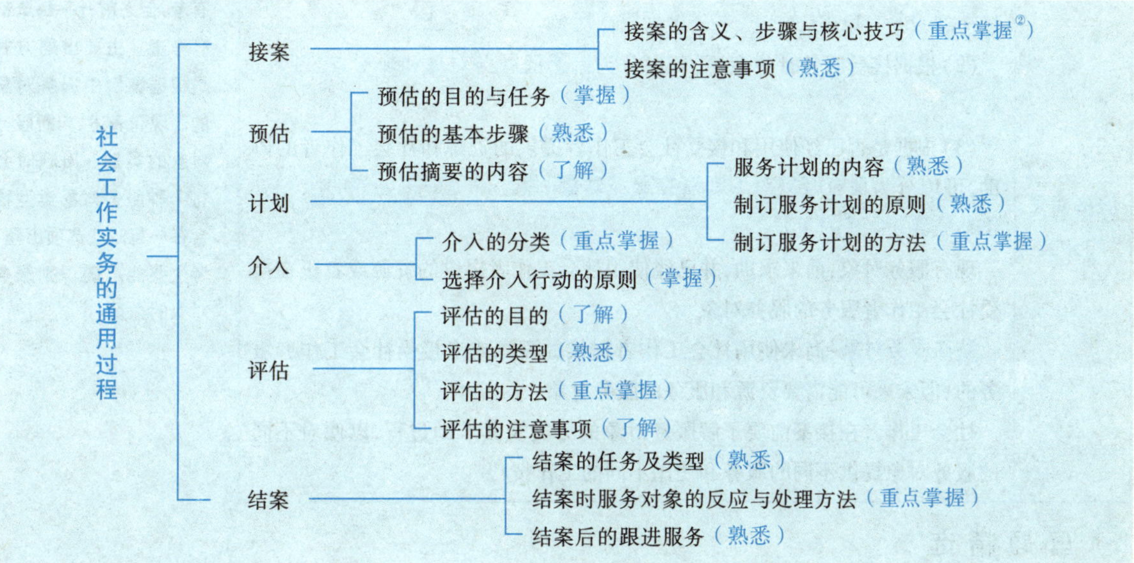

· 名师同步精讲

第一节　接　案

一、接案的含义、步骤与核心技巧（重点掌握）

（一）接案的含义

项　目	内　容
含义	接案是社会工作实务过程的第一步，是社会工作者**与潜在服务对象接触并了解其需要，帮助其成为服务对象接受社会工作服务的过程**，其目标是与服务对象建立良好的专业关系

名师指导

考查年份：2012 ~ 2019 年。属于必考点③，每年会出 2 ~ 4 道单选题，偶尔会出 1 ~ 2 道多选题。主要考查方向：①接案阶段的判断；②服务对象的分类；③会谈前的准备工作；④会谈的任务和技巧；⑤收集服务对象的资料④。

① 本书分析历年真题采用数据为近 8 年的数据。

② 此为学习要求，分为重点掌握（每年必考）、掌握（常考）、熟悉（考查较少）以及了解（未考过）4 个层次。

③ 本书对考点进行了划分，必考点为近几年每年都考的，常考点为考查年份较多的，考查较少一般为只考过 1 ~ 2 次的。

④ 此模块分析了知识点的考查情况，包括考查年份、题型、题量和主要考查方向。

母题精选

【单选题】刘女士发现，上初中的儿子最近变得越来越难管，经常逃课，不想读书，刘女士为此很苦恼，遂向社会工作者老赵求助。老赵认真询问了刘女士的来访原因和求助过程，并对她的问题做了初步评估。老赵的上述工作属于通用过程中的（　　）环节。（真题）

A. 接案　　B. 预估　　C. 介入　　D. 评估

【答案】A

（二）服务对象的分类

项　目	内　容
服务对象的分类	（1）根据来源不同，可以分为主动求助的服务对象、他人介绍或机构转介过来的服务对象、社会工作者外展的服务对象 （2）根据接受服务时的意愿，可以分为自愿型服务对象和非自愿型服务对象 （3）根据是否已经使用和接受社会工作者提供的资源和社会工作者的协助，可以分为现有服务对象和潜在服务对象（接案过程中接触到的服务对象都是潜在服务对象） 现有服务对象：前来求助，并已经使用社会工作者提供的资源或者正在接受社会工作者服务的服务对象 潜在服务对象：尚未使用社会工作者提供的资源或未接受社会工作者服务的，但未来可能需要资源和服务的服务对象 社会工作者在接案前要了解服务对象的分类及其求助过程，以便对不同的服务对象提供不同的服务和使用不同的工作技巧

服务对象的分类是考试的重点，虽然近两年没有考，但之前几乎每年都有考查。主要出题方式是根据案例中服务对象的表现和表述，判断服务对象的类型。出题时会将7种服务对象类型糅合在一起做成选项出题，考生要能准确识别服务对象的类型。

母题精选

【单选题】张老师发现自己班上的学生小花最近总是闷闷不乐、情绪低落，于是带着小花来见社会工作者小江。小江在询问过程中观察到，小花一直低着头不说话，都是张老师在替她回答问题。上述案例中，小花属于（　　）的服务对象。（真题）

A. 潜在　　B. 现有　　C. 自愿　　D. 外展

【答案】A

（三）会谈

项　目	内　容
会谈前的准备工作	（1）准备服务对象的资料 ①阅读服务对象的资料，了解其是否接受过服务 ②了解服务对象的身体和精神健康状况 ③走访社区，通过服务对象的社会网络来了解服务对象的个人和社会处境 ④是否有特殊事项等 （2）拟定会谈提纲 ①有关自己的介绍（包括专长等）

续上表

项 目	内 容
会谈前的准备工作	②会谈目的和内容 ③社会工作者与服务对象的角色和责任 ④机构服务的内容、政策和工作程序的介绍 ⑤征求服务对象对会谈安排的意见 ⑥了解服务对象对机构和社会工作者服务的期望 ⑦是否有需要紧急处理的事项等
会谈的时间与地点安排	(1)时间安排:征求服务对象的意见,配合服务对象的时间 (2)地点安排:征求服务对象的意见,考虑其行动能力,通常是在社会工作者办公室或者机构的会谈室,但是也可以在其他地方,服务对象行动不便的甚至可以安排上门会谈
会谈的技巧	(1)主动介绍自己。主要介绍的内容包括:姓名、在机构里负责的工作、个人的专长、提供协助的目的、提供服务的方式方法等 (2)沟通。沟通包括一般性沟通和治疗性沟通 ①一般性沟通主要沟通一些"事实性"的内容 ②治疗性沟通是具有治疗效果的沟通,其对服务对象的主要功能包括 ◆提供支持 ◆减轻焦虑 ◆协助建立正确的想法 ◆促成其采取有效行动 (3)倾听。社会工作者在倾听时,还要与服务对象互动,给予适当的回应
会谈的任务	(1)界定服务对象的问题和需要(寻求帮助的原因、期望达到的目标、对自己问题的看法) (2)澄清角色期望和义务 (3)激励并促进服务对象进入受助角色 (4)促进和诱导服务对象态度和行为的改变 (5)达成初步协议(可以提供的服务、问题的初步界定、角色期望和时间长度) (6)决定工作进程(进入下一步助人阶段、转介其他服务、终结服务)

母题精选

【多选题】社会工作者小马接手了王女士的个案,准备进行接案会谈。在会谈的提纲中,小马应列出的内容有(　　)。(真题)

A. 有关自己的介绍　　B. 有关机构和工作程序的介绍

C. 王女士对会谈安排的意见　　D. 王女士对机构服务的期望

E. 王女士的服务目标

【答案】 ABCD

【多选题】老王最近因照顾年迈母亲的事常与兄弟姐妹发生争执，向社会工作者小赵求助。小赵与老王初步沟通后，决定进行接案会谈。为做好这次会谈，小赵应做的准备工作包括（　　）。（真题）

A. 了解老王之前接受服务的情况　　B. 走访老王的兄弟姐妹

C. 走访老王生活的社区　　D. 阅读老王的有关资料

E. 为老王制订干预计划

【答案】 ACD

（四）服务对象资料的收集

项　目	内　容
资料收集的内容和范围	个人资料、身体情况、服务对象的特点与能力、服务对象所处的社会环境
资料收集的方法	询问（会谈、问卷、角色扮演）、咨询（向专业人士咨询）、观察、利用已有资料、问卷调查（客观资料）
做好接案的会谈记录	（1）个人资料 （2）知情同意（解释机构提供的服务、专业责任和专业伦理、保密等）

收集资料可以运用“人在情境中”的方法，此处可以结合预估的内容理解记忆。

母题精选

【单选题】小李来到社会工作服务机构向社会工作者咨询，说自己最近谈了女朋友，很满意。但女朋友嫌他生活散漫，没有上进心，闲暇时间不是和朋友打牌，就是喝酒，有时还上班迟到，提出要和他分手。小李很珍惜这段感情，表示自己很想改，但又不知道怎么改，因而很苦恼。为了增强小李解决问题的动机和意愿，社会工作者适宜的提问是（　　）。（真题）

A.“你的担心到底是什么？”

B.“你对改变做好准备了吗？”

C.“你觉得自己的问题是什么？”

D.“你打算做些什么来改变目前的状况？”

【答案】 B

【单选题】小红因婚姻问题前来社会工作服务机构求助。社会工作者小赵在仔细倾听了小红的叙述后，拟通过询问小红自己对问题的看法来明确问题。小赵的下列提问中，恰当的是（　　）。（真题）

A.“您认为自己的婚姻困惑是怎么出现的？”

B.“您认为自己的婚姻可以怎样改善？”

C.“您做过哪些努力来改善自己的婚姻？”

D.“您对自己的婚姻有哪些期待？”

【答案】 A

二、接案的注意事项（熟悉）

项　目	内　容
接案的注意事项	(1)决定是否需要紧急介入 (2)权衡是否有能力处理问题 (3)决定解决问题的先后次序（尊重服务对象的意见，先易后难，建立专业关系） (4)保证服务对象要求的服务符合机构的工作范围

考查年份：2015 年。本考点考查较少，2015 年出了 1 道单选题。主要考查方向：接案的注意事项。

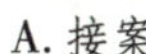母题精选

【单选题】社会工作者小王接待了来机构求助的小李夫妇，在他们讲述问题后，小王介绍了机构的服务范围和要求，并且与小李夫妇协商解决问题的优先次序。小王的上述做法属于社会工作实务过程中的（　　）。（真题）

A. 接案　　B. 预估　　C. 计划　　D. 评估

【答案】A

第二节　预　估

一、预估的目的与任务（掌握）

项　目	内　容
概念	收集服务对象的相关资料，认定服务对象的问题，得出有关服务对象问题的暂时性结论的过程
目的	根据"人在情境中"的方法，全面了解服务对象（包括服务对象的背景资料、服务对象的问题及其所处的环境），形成概念化的认识，清晰界定问题
任务	(1)识别服务对象问题的客观因素（包括服务对象的背景材料、所处环境、问题发生和持续的时间、为解决问题所做的努力） (2)识别服务对象问题的主观因素 (3)识别服务对象问题的成因与使问题延续的因素 (4)识别服务对象与环境中的积极因素 (5)决定提供服务的方式与内容

考查年份：2013 年，2017～2018 年。属于常考点，2013 年和 2018 年各出了 1 道单选题，2017 年出了 2 道单选题。主要考查方向：预估的任务。

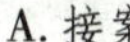母题精选

【单选题】刘先生失业后，一家人依靠"低保金"生活，为鼓励刘先生一家，社会工作者小侯做了下列工作：与刘先生和刘太太进行了面谈，询问他们失业后的生活情况，倾听他们对目前生活处境的感受，了解刘先生和刘太太的教育背景、专长和再就业经历，向居委会和刘先生的邻居了解其与邻里的关系。这些是社会工作者服务过程中（　　）阶段应完成的任务。（真题）

A. 接案　　B. 预估　　C. 计划　　D. 介入

【答案】B

【单选题】李奶奶与儿媳因为孙子的教育问题经常争吵，婆媳关系紧张，李奶奶对此很苦恼，希望得到社会工作者小王的帮助。为了了解李奶奶的问题和需要，帮助李奶奶识别和利用环境中的积极因素，小王应做的是(　　)。(真题)

A. 了解李奶奶的背景资料　　B. 明确李奶奶的问题所在

C. 了解李奶奶曾经得到的帮助　　D. 分析李奶奶问题的成因

【答案】C

二、预估的基本步骤(熟悉)

考查年份：2012 年。本考点考查较少，2012 年出了 1 道单选题。主要考查方向：预估的基本步骤。

步　骤	内　容
探究服务对象的情况、问题与需求(收集资料)	(1)服务对象的问题与需求 (2)问题是如何发生的、发生的原因以及发展状况 (3)服务对象的处境及其社会系统 (4)服务对象问题得不到解决的原因 (5)服务对象的生命历程及发展阶段 (6)服务对象的资源情况
分析服务对象的资料并做出预估摘要(分析资料)	(1)对服务对象的问题做出解释 (2)列出解决问题的目标及先后次序 (3)决定介入的策略 (4)撰写预估摘要

三、预估摘要的内容(了解)

本考点 2012 年以后未考过，考生了解即可。

项　目	内　容
预估摘要的内容	(1)对服务对象自身系统的预估(优势、导致困难的问题、解决问题的动机、功能发挥) (2)对服务对象家庭系统的预估(成员情况、家庭情况、成员角色和互动情况、沟通方式、家庭关系、家庭规则、决策和分工方式) (3)对服务对象所处社会系统的预估(社会支持系统、物理环境、对环境的认知、社会网络环境、社会体制和组织环境)

第三节　计　划

一、服务计划的内容(熟悉)

考查年份：2019 年。本考点考查较少，2019 年考查了 1 道单选题。主要考查方向：服务计划的内容。

构　成	内　容
目的和目标	(1)目的是指总体介入工作要达到的方向 (2)目标则是指具体的工作指标
关注的问题与对象(服务对象)	(1)问题：介入时需要处理和改善的服务对象问题 (2)对象：个人、家庭、小组/群体、组织和社区
介入的方法和介入行动	(1)介入方法：个人辅导、小组活动、社区介入、网络建构和政策倡导等 (2)介入行动：危机干预、物质支持、心理辅导等

二、制订服务计划的原则（熟悉）

考查年份：2014 年。本考点考查较少，2014 年出了 1 道多选题。主要考查方向：制订服务计划的原则。

项　目	内　容
制订服务计划的原则	(1)服务对象要参与制订 (2)尊重服务对象的意愿 (3)尽可能详细和具体 (4)与工作的总目标、宗旨相符合

母题精选

【多选题】从优势视角出发，社会工作者致力于为服务对象增能。为此，在制订服务计划时，社会工作者强调服务对象参与其中，这样做的目的在于让服务对象（　　）。（真题）

A. 有自我成长的机会
B. 看到自己对解决问题的贡献
C. 有机会为解决自己的问题做出努力
D. 感觉到社会工作者是以服务对象为中心的
E. 感觉到社会工作者是以问题为中心的

【答案】 ABC

三、制订服务计划的方法（重点掌握）

考查年份：2012～2013 年，2015～2016 年，2018～2019 年。基本属于必考点，一般情况下会出 1 道单选题，偶尔还会出 1 道多选题。主要考查方向：设定目的和目标。

项　目	内　容
设定目的和目标	(1)确定服务对象的需要和问题 (2)向服务对象解释设定目标的目的 (3)共同选择适当的目标（步骤：筛选目标、定义目标） (4)目标陈述要明白易懂，重在促进服务对象的成长 (5)目标要可测量、具有操作性和现实性 (6)与服务对象探讨目标可行性和可能的利弊 (7)确定目标并决定目标的先后次序
构建行动计划	(1)选择介入系统（根据服务对象选择） ①正式与非正式系统 ②个人、家庭、小组、社区以及宏观社会系统 (2)选择介入的行动：危机介入、资源整合、经济援助、安置服务

母题精选

【单选题】社会工作者小李在与服务对象小强的面谈中了解到，小强上课经常走神，注意力很难集中，学习跟不上老师的教学进度。为此，小李与小强共同制订了改善小强学习状况的目标。下列目标中，恰当的是（　　）。（真题）

A. 减少小强上课走神的次数　　B. 提高小强的学习能力
C. 延长小强上课注意力的集中时间　　D. 改变小强注意力不集中的习惯

【答案】 C

第四节 介 入

一、介入的分类(重点掌握)

分 类	内 容
直接介入	以个人、家庭和小群体为关注对象,针对他们采取的直接行动;是针对服务对象采取的介入 直接介入是针对服务对象的介入,如果服务对象是个人,只有针对个人的介入是直接介入
间接介入	社会工作者通过介入服务对象以外的其他系统间接帮助服务对象;也是改变环境的策略 除了针对服务对象本人之外的介入,都是间接介入
综合介入	"人与环境"互动的视角,一是增加个人的生活适应能力(直接),二是增加社会和物理环境对个人需要的回应(间接)

考查年份:2012～2014年,2016年,2019年。属于常考点,一般会出1道单选题或者1道多选题,可能会结合具体的社会工作出题。主要考查方向:①直接介入;②间接介入。

综合介入是将直接介入和间接介入结合在一起的介入,大部分的介入都是综合介入。考试中可能会结合人群和领域来考察。

母题精选

【多选题】社会工作者小陈接待了前来求助的初中生小红。经过面谈和预估,小陈发现小红和母亲的沟通存在困难。针对小红的问题,小陈开展的下列服务中,属于直接介入的有(　　)。(真题)

A. 让小红扮演母亲角色,体会母亲的想法

B. 指导小红主动表达自己的想法,加强与母亲沟通

C. 联系小红母亲,了解她对女儿的看法

D. 邀请小红母亲参与辅导,增加与女儿的交流

E. 指导小红母亲发现小红的优点,增进对女儿的了解

微信扫描

【答案】 AB

【单选题】小强是小学三年级的学生,半年前跟随打工的父母来到城市就读,小强虽然很努力,但因为基础薄弱,加上父母不知如何指导其学习,考试常常不及格。针对小强目前的状况,社会工作者可以采取的间接介入策略是(　　)。(真题)

A. 定期上门辅导小强　　B. 加强小强与同学的学习交流

C. 改进小强与父母的沟通方式　　D. 提高父母指导小强学习的能力

【答案】 D

二、选择介入行动的原则(掌握)

项 目	内 容
选择介入行动的原则	(1)以人为本,服务对象自决(以服务对象利益为核心,注重服务对象的参与) (2)个别化(针对特殊性采取行动) (3)考虑服务对象的发展阶段和特点(对个人要协助完成生命任务,对家庭或群体要考虑特殊阶段相连的特殊任务)

考查年份:2012～2013年,2019年。本考点考查不多,偶尔会出1道单选题或者1道多选题。通常会让考生分析案例中体现了哪项原则。主要考查方向:选择介入行动的原则。

续上表

项　目	内　容
选择介入行动的原则	(4)与服务对象相互依赖(共同开展工作) (5)聚焦服务目标(围绕目标开展行动) (6)考虑经济效益(以最小的成本获得最大的改变结果,找准介入目标)

母题精选

【单选题】在精准扶贫工作中,为激发服务对象的内在动力,社会工作者大刘注重服务对象的参与,由服务对象对合作社的生产经营和管理进行自主决策,学习如何承担责任。大刘选择上述介入行动所遵循的原则是(　　)。(真题)

A. 瞄准精准扶贫的目标

B. 尊重服务对象自决权

C. 关注服务对象的特点

D. 注重服务的经济效益值

【答案】　B

第五节　评　估

一、评估的目的(了解)

本考点2012年以后未考过,考生了解即可。

项　目	内　容
评估的目的	(1)考查社会工作介入效果、服务对象进步情况及介入目标的实现程度 (2)总结工作经验,改善工作技巧,提升服务水平 (3)验证工作方法的有效性 (4)进行社会工作研究

二、评估的类型(熟悉)

本考点考2012年以后未考过,但考点内容比较重要,可能会结合本书第十二章"社区社会工作"出题。主要考查方向:过程评估。

类　型	内　容
过程评估	过程评估提供有关服务过程的信息包括:工作目标、介入过程、介入行动和介入影响 评估重点是评估服务对象的表现以及社会工作者的工作和技巧,了解服务对象改变的进展,适时修正介入方案,改善工作技巧。结束阶段的评估重点是导致服务对象改变的因素
结果评估	在工作过程的最终阶段进行评估,包括目标结果和理想结果

三、评估的方法(重点掌握)

项　目	内　容
收集评估资料的途径	(1)服务对象档案 (2)服务对象对介入过程和结果的意见与看法 (3)使用调查方法收集介入效果的数据和事实资料
基线测量(前后测量对比)	(1)概念:介入开始时对服务对象的状况进行测量,建立一个基线作为对介入效果进行衡量的标准基线,用以评估介入前后的变化,并以此判断介入目标实现的程度 (2)建立程序 ①建立基线。建立基线的过程:确定介入目标;选择测量工具;目标行为测量并记录 ②进行介入期测量 ③分析与比较
对服务对象影响的评估	(1)服务对象满意度测量 (2)差别影响评分
任务完成情况的测量评估	五个等级:0——没有进展;1——极少实现;2——部分实现;3——大体上实现;4——全部实现
目标实现程度的测量评估	(1)目标核对表 (2)个人目标尺度测量

考查年份:2013年,2015年,2017~2019年。属于常考点,一般会出1道单选题或者1道多选题。主要考查方向:基线测量。

建立基线过程属于基线期,建立的是基线数据。

介入期测量的数据是为了与基线数据做对比分析。

母题精选

【多选题】刚上小学的小强经常违反课堂纪律,课上不是玩玩具,就是与同桌大声说话,受到老师的批评,小强的父母担心小强的学业,向社会工作者小王求助。小王了解了小强的行为表现后,制订了行为矫正的服务方案。为实施该方案,需要建立基线。小王的下列做法中,属于建立基线的有(　　)。(真题)

A. 明确小强行为改变的目标

B. 选择测量小强行为改变的工具

C. 记录小强目前违反课堂纪律的次数

D. 测量介入后小强违反课堂纪律的次数

E. 比较介入前后小强违反课堂纪律的次数

【答案】ABC

【多选题】某社会工作服务机构在对口扶贫村开展脱贫攻坚工作中,对村民的收入、贫困人口数量、资源和优势等情况作了调查,摸清了底细。该机构在后续工作中对服务的全过程分阶段实施了监测,对服务目标达成的状况和效果进行了分析。在进行对服务对象影响的评估时,该机构可选择的评估工具有(　　)。(真题)

A. 基线测量　　B. 目标核对表　　C. 差别影响测量

D. 满意度测量　　E. 个人目标尺度测量

【答案】CD

四、评估的注意事项（了解）

本考点 2012 年以后未考过，考生了解即可。

项　目	内　容
评估的注意事项	(1)注重社会工作者的自我评估与反思 (2)调动服务对象的积极性，让他们积极参与评估过程 (3)评估的方法要与社会工作的价值相吻合，并注意保密 (4)要切合实际需要

第六节　结　案

微信扫描

一、结案的任务及类型（熟悉）

本考点 2012 年以后未考过，但考点内容比较重要，考生要熟悉本考点。主要考查方向：结案的任务及类型。

项　目	内　容
任务	(1)总结工作 (2)巩固已有改变(回顾工作过程、强化服务对象已有的改变、表达积极支持的态度) (3)解除专业工作关系 (4)撰写结案记录
类型	(1)目标实现的结案 (2)因服务对象不愿继续接受服务而必须终止专业关系的结案 (3)存在不能实现目标的客观和实际原因的结案(转介或转移) (4)社会工作者或服务对象身份发生变化时的结案

二、结案时服务对象的反应与处理方法（重点掌握）

考查年份：2013 ~ 2019 年。属于必考点，每年会出 1 道单选题或者 1 道多选题。主要考查方向：结案时服务对象的反应与处理方法。

项　目	内　容
结案时服务对象的反应	(1)正面反应(肯定正面反映并适时地强化、以增强其信心) (2)负面反应(否认、倒退、依赖、抱怨、愤怒、讨价还价、忧郁)
结案反应的处理方法	(1)与服务对象一起回顾介入过程，确定结案时机是否成熟 (2)提前告知服务对象结案的时间，使其提前做好心理准备(公开讨论结案问题、理解服务对象的情绪) (3)逐渐减少与服务对象的接触 (4)分析服务对象以后可能遇见的问题，预防问题的产生，并为其提供有帮助的资源系统的支持 (5)安排正式的结案活动，让服务对象分享各自的收获，互相鼓励

母题精选

【多选题】在小组工作的结案阶段，社会工作者小风发现，有些组员开始表现出不安，要求延长服务时间；有些组员则表现出心不在焉，对小组的投入明显降低。小风的下列做法中，正确的有（　　）。（真题）

A. 对组员的不安不予回应　　B. 指出组员心不在焉的表现

C. 告知组员服务即将结束　　D. 让组员公开表达自己的感受

E. 关注不同类型组员的需要

微信扫描

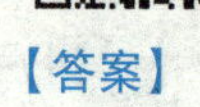
【答案】 CDE

【多选题】李奶奶的三个子女相互推诿赡养责任，在社会工作者小李的调解下，李奶奶的赡养问题得到妥善解决。社会工作者准备结案时，李奶奶表现出对未来生活的焦虑，害怕小李不再来看她，会谈时心不在焉，认为自己的问题还未得到解决。李奶奶的表现反映了结案阶段服务对象常会出现的反应，其中包括（　　）。（真题）

A. 倒退　　B. 依赖　　C. 否认

D. 抱怨　　E. 愤怒

微信扫描

【答案】 BC

【名师点拨】本题题干中，“李奶奶表现出对未来的焦虑”属于结案时的负面反应“忧郁”；“害怕小李不再来看她”属于“依赖”；“会谈时心不在焉，认为自己的问题还未得到解决”属于“否认”。选项B、C符合题意，故选B、C。

【多选题】社会工作者小王准备结束一个家庭个案。根据结案期工作的要求，小王的下列做法中，正确的有（　　）。（真题）

A. 拒绝家庭继续会面的要求

B. 保持与家庭的电话联系

C. 减少与家庭直接会面的次数

D. 缩短与家庭直接会谈的时间

E. 加强与家庭成员的联系

微信扫描

【答案】 BCD

三、结案后的跟进服务（熟悉）

项　目	内　容
结案后的跟进服务	结案后，社会工作者要进行跟进服务，了解服务对象在结案后的情况，提供一些必要的帮助。跟进可以让社会工作者了解其提供的服务是否有效；也可以让服务对象感受到社会工作者的关心，增强其继续改变的动机和信心 具体方式 （1）电话跟进 （2）个别会面 （3）集体会面 （4）跟进服务对象的社会支持网络

考查年份：2017年。本考点考查不多，2017年出了1道单选题。主要考查方向：结案后的跟进服务。

母题精选

【单选题】社会工作者小王完成了小秦的个案服务并顺利结案，计划接下来的3个月内定期对小秦进行电话回访。小王的上述工作安排属于(　　)。(真题)

A. 跟进服务　　B. 成效评估

C. 情绪安抚　　D. 服务咨询

【答案】 A

章节练习

本书不在书本上进行章节练习的展示，在此做特别说明。

1. 纸质教材无法跟踪考生做题记录，不能对考生的做题数据进行统计，不方便考生日后复习检查。

2. 纸质教材篇幅有限，不能大量展现章节知识点练习题，达不到真正的练习检测效果。

3. 软件练习模式多样，适合考生多种情形下进行学习。

综合以上几点考虑，编委会老师结合本书，研发了智能考试学习系统，包含智能题库微信版和智能题库网页版，考生可通过扫描【章节练习】旁的二维码进入微信版题库进行章节练习或打开网址 https://shegong.ek100.cn/进入网页版题库进行章节练习。

智能题库中包含大量考试真题、模拟题、押题。同时，题库中还为考生提供多种练习方式，包括章节练习、真题必练、模拟押题、错题训练等。通过多种练习方式，能够有效巩固考生所学知识，并通过记录做题数据，方便考生检查错题、攻克薄弱知识点(这是纸质练习无法实现的)。

考生在学习过程中可将教材与软件结合起来使用，利用固定充裕的时间学习纸质教材的内容；在有电脑的情况下，可通过网页版题库进行检查学习；有零散时间的时候，可充分利用微信版题库在微信上进行复习。微信版和网页版题库共用账户，做题数据同步。

【提示】首次扫描二维码进入微信版题库，需要注册并激活账户(注册及激活方式见本书附录二)。

第二章　儿童社会工作

本章应试分析

本章主要介绍了儿童社会工作的相关内容。在历年考试中，本章涉及分值约为 8 分，通常会有 4 ~5 道单选题，1 ~2 道多选题。

本章在考试中的占分比重较大，考生在学习本章内容时要有重点的进行学习，注意对知识点的理解，不可死记硬背。

思维导图

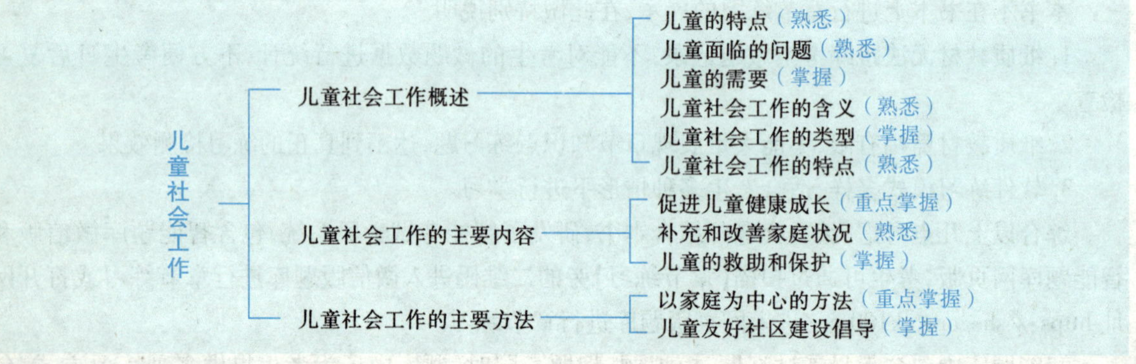

名师同步精讲

第一节　儿童社会工作概述

一、儿童的特点（熟悉）

项　目	内　容
社会属性的特点	（1）是每个人人生的基础 （2）是每个家庭的基础 （3）是社会发展进步的基础
成长发展的特点	（1）快速性 （2）阶段性：婴儿（0 ~1 岁）、幼儿（2 ~3 岁）、学前（4 ~5 岁）、学龄（6 ~12 岁）、青少年（13 ~18 岁） （3）顺序性：身体（从上到下、由近到远、从小到大、由低级向高级）、社会心理（婴儿时期需要完成信任人格的培养；幼儿时期需要完成自主人格的培养；学前阶段需要完成勤奋的人格培养） （4）不均衡性 （5）个体差异性（与整体特征不同） （6）分化与互补性（身心发展，协调性）

名师指导

考查年份：2015 年。本考点考查较少，2015 年出了 1 道单选题。主要考查方向：儿童成长发展的特点。

我国社会工作中的儿童与未成年人的界定是一致的，都是未满 18 周岁的公民，所以儿童社会工作与青少年社会工作有重合的部分。

母题精选

【单选题】从儿童社会心理发展的角度来看，幼儿时期的儿童需要完成(　　)人格的培养。(真题)

A. 信任　　B. 自主　　C. 勤奋　　D. 独立

微信扫描

【答案】 B

二、儿童面临的问题(熟悉)

项 目	内 容
儿童面临的问题	(1)儿童生存的问题(新生儿健康问题、儿童营养问题、儿童户籍问题) (2)儿童发展的问题(贫困的问题、家庭监护的问题、受教育的问题) (3)儿童保护的问题(免遭伤害需要) ①儿童遗弃的问题 ②儿童遭受体罚和肢体虐待的问题 ③儿童被性侵的问题 ④儿童被忽视的问题 ⑤儿童被拐卖的问题

考查年份：2017 ~ 2018 年。本考点考查较少，很少单独出题，大多是结合其他考点来考查，2017 年和 2018 年均出了 1 道单选题。主要考查方向：儿童面临的问题。

母题精选

【单选题】小王是外来务工人员，丈夫因工伤死亡，小王独自带着女儿在城市打工。邻居向社会工作者小张反应，小王自丈夫去世后，精神状态一直不好，说女儿是“丧门星”，时常把女儿打得遍体鳞伤。根据《反家庭暴力法》，小张首先要做的是(　　)。(真题)

A. 向有关部门报告，确保孩子安全　　B. 寻找合适成年人，协助照料孩子

C. 联系小王的家人，为小王提供帮助　　D. 组织社区志愿者，为小王提供帮助

微信扫描

【答案】 A

【名师点拨】本题不仅涉及儿童面临的问题，也涉及儿童社会工作方法中“儿童的安全和健康是第一要务”原则。题目中儿童面临需要保护的问题，小王的女儿遭受到身体和情感的虐待，需要立刻得到保护。考试中会经常遇到服务对象面临危险这类题目，面对这种问题，社会工作者首先应当做的都是保护服务对象的安全。本题可以结合初级“社会工作综合能力”科目中，社会工作者处理伦理难题的基本原则中的第一个原则——保护生命原则，加以理解。遇到这种题目考生一定要选对，属于送分题。

三、儿童的需要(掌握)

项 目	内 容
儿童的需要	(1)生存的需要 ①生命存在的需要(基本的生活照料：养育照料、医疗照料) ②社会存在的需要(姓名、户籍、国籍) (2)发展的需要(良好家庭生活、受教育机会、足够的休闲与娱乐) (3)受保护的需要(免遭伤害的需要)

考查年份：2013 年，2016 年，2018 年。属于常考点，一般会出 1 道单选题或者 1 道多选题。主要考查方向：儿童的 4 项需要及其包括的内容。

续上表

项　目	内　容
儿童的需要	儿童虐待包括： ①身体虐待、情感虐待、性虐待 ②儿童忽视（日常生活照料与医疗照顾的忽视、儿童发展和教育需要的忽视、社会化发展需要的同伴交流和接触社会机会的忽视） ③儿童剥削（童工形式的劳动剥削、从事商业性活动的剥削） (4)社会化需要（基本生活技能、自我观念发展、良好的生活习惯、良好道德品质）

母题精选

【多选题】儿童在成长和发展中有不同层面的需要，下列关于儿童需要的表述，属于社会化需要的是（　　）。（真题）

A. 身心安全保障的需要

B. 分清自我与非我关系的需要

C. 免遭虐待和忽视的需要

D. 获得足够休闲和娱乐的需要

E. 掌握吃饭、穿衣、语言表达等生活技能的需要

【答案】　BE

四、儿童社会工作的含义（熟悉）

考查年份：2013～2014年。本考点考查不多，2013年和2014年均出了1道单选题。主要考查方向：儿童社会工作的含义及其层次。

项　目	内　容
儿童社会工作含义的剖析	(1)服务对象：儿童 (2)价值理念：儿童权利 (3)理论依据：儿童发展的科学知识和社会工作实务理论 (4)方法：运用社会工作的专业方法，结合所在社会的环境资源 (5)目标：促进儿童的健康成长、保护儿童免遭伤害
儿童社会工作的层面	(1)微观：围绕儿童个体本身的个案工作 (2)中观：围绕家庭或同伴开展的小组工作 (3)宏观：社会组织或社区的社会工作、政策倡导等工作

母题精选

【单选题】某地自实施孤残儿童家庭寄养办法以来，接收了100多名孤残儿童。为了提升孤残儿童的生活质量，社会工作者开展了一系列服务活动，其中属于宏观层面的选项是（　　）。（真题）

A. 走访寄养家庭，了解寄养家庭的实际困难

B. 开展调研，撰写报告，向政府提交政策建议

C. 开办支持小组，提升孤残儿童的自我效能感

D. 进行资源链接，为寄养儿童找到“一对一”的资助

【答案】　B

五、儿童社会工作的类型（掌握）

类　型	内　容
支持性儿童服务	(1)对象：全体儿童及家庭 (2)目的：支持父母教养职责的履行
补充性儿童服务	(1)对象：父母亲职能力不足的儿童及家庭 (2)内容 ①提供经济援助 ②为时间精力不足的家庭提供托育服务 ③为新生儿及其父母提供健康育儿资讯与技能培训等 (3)目的：弥补父母亲职能力不足，改善亲职状况
替代性儿童服务	(1)对象：亲职不当和亲职缺失的儿童 (2)内容：家庭收养、寄养和机构养育或教养等 (3)目的：代替父母履行亲职职责，让儿童在健康的家庭环境下成长
儿童保护服务	(1)对象：遭受人为伤害的儿童及家庭 (2)内容：伤害预防和伤害应对

考查年份：2015 年，2017～2019 年。属于常考点，近几年考试中出现频次较高，一般会出 1 道单选题或者 1 道多选题。主要考查方向：儿童社会工作的 4 项类型。

母题精选

【单选题】单亲妈妈小芳向社会工作者小李诉说，10 岁的儿子小明常因打网络游戏，不能按时完成作业，学习成绩不好。小芳工作单位离家较远，没有足够时间照顾儿子，小李邀请小明参加社区“四点半课堂”，并联系退休党员王阿姨与小芳家结对，在小芳下班前替她照顾儿子。同时，小李还介绍小芳加入“助苗成长微信群”，向心理专家学习亲子沟通的方法，以提高其亲职能力。小李为小芳家提供的上述服务属于（　　）儿童福利服务。（真题）

A. 治疗性　　B. 补充性　　C. 替代性　　D. 保护性

【答案】B

【单选题】某农村儿童早期综合发展干预项目中，社会工作者的工作内容之一是对儿童家长、社区医生、妇女工作者、志愿者以及普通村民开展培训，普及儿童权利知识，降低儿童遭受虐待、忽视和意外伤害的风险。从儿童社会工作的类型上划分，上述服务内容属于（　　）服务。（真题）

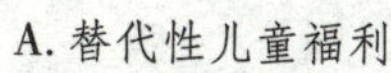

A. 替代性儿童福利　　B. 儿童保护

C. 补充性儿童福利　　D. 儿童支持

【答案】B

六、儿童社会工作的特点（熟悉）

项　目	内　容
儿童社会工作的特点	(1)明确了儿童社会工作的专业价值理念（儿童权利） (2)界定了儿童社会工作的理论和知识范围（社会工作实务理论和儿童发展的理论知识） (3)聚焦亲职能力建设，突出家庭监护服务（父母的监护能力是儿童健康成长的最基本保障，将家庭置于实务的中心） (4)兼顾了专业理想和本土化实务路径之间的平衡（即儿童权利的实现与尊重客观环境相结合）

考查年份：2016 年。本考点考查较少，2016 年出了 1 道单选题。主要考查方向：儿童社会工作的特点。

儿童社会工作的特点是对含义的细化，特点(1)和(3)比较重要，考生要多加注意。

母题精选

【单选题】小李发现邻居小张经常打骂女儿，于是向社会工作者小邓反映，希望小邓进行干预。小张表示打骂孩子是自己的家事，不用外人管。小邓告诉小张，不能用打骂的方式管教孩子，管教不当造成严重伤害将承担相应法律责任。小邓上述说法依据的基本价值理念是(　　)。(真题)

A. 家长对儿童具有权威性　　B. 儿童权利的保护和实现

C. 保障家庭利益的最大化　　D. 儿童教育发展的最优化

【答案】 B

第二节　儿童社会工作的主要内容

一、促进儿童健康成长(重点掌握)

考查年份：2012～2013年，2016～2019年。基本属于必考点，一般会出1～2道单选题或者1道多选题。主要考查方向：①亲职教育；②提供家庭支持服务；③开展儿童支持服务。

项　目	内　容
传播理念和知识	(1)母婴保健(婚前保健服务、孕产期保健服务) (2)婴儿早期喂养理念和实践 (3)幼儿早教 (4)亲职教育 ①科学育儿的理念(儿童权利观和现代儿童观) ②科学育儿的知识(儿童生理、心理人格和社会行为发展的知识) ③科学育儿的技能(观察的技能、沟通的技能、引导的技能等)
提供家庭支持服务	(1)亲职辅导(提供如何做好父母的指导和教育工作) (2)婚姻辅导(针对夫妻双方展开，为儿童创造有利条件) (3)家庭辅导(改善家庭成员关系) (4)亲子关系辅导(消除父母与子女之间的矛盾与隔阂)
开展儿童支持服务	(1)儿童问题服务 (2)儿童的娱乐和休闲 (3)儿童的社会化引导(自我认同、生活技能学习、团队精神、社会责任)。

母题精选

【多选题】社会工作者小赵了解到，社区里有许多老人与子女同住，帮助抚养孙辈。这些老人们反映他们与子女在幼儿养育和管教上经常发生矛盾。针对这种情况，小赵计划为这些老人开设以“科学育儿”为主题的教育小组。下列教育内容中，与小组主题相符的有(　　)。(真题)

A. 儿童权利观　　B. 与儿童的沟通技巧

C. 儿童问题辅导技巧　　D. 亲子关系辅导技巧

E. 儿童生理、心理和社会发展知识

【答案】 ABE

【单选题】社会工作者小王在社区调查中发现，许多年轻家长在育儿方面有困扰，不知如何与孩子沟通，如何避免对孩子发脾气。针对这些问题，小王应为这些家长提供的服务是( )。(真题)

A. 婚姻辅导 B. 家庭辅导 C. 儿童辅导 D. 亲职辅导

微信扫描

【答案】D

二、补充和改善家庭状况(熟悉)

项 目	内 容
补充和改善家庭经济状况	(1)连接现有政策资源 (2)为困境儿童的父母提供就业援助
补充和改善家庭监护状况	(1)亲职教育 (2)课后服务(四点半课堂)：对在放学后和家长下班回家前无人看管的孩子提供托管服务

考查年份：2019 年。2019 年考查 1 道单选题。其他年份常与其他考点结合起来出题。主要考查方向：补充和改善家庭监护状况。

四点半课堂近几年考的比较多，在儿童和社区社会工作中都可能会考到，考生要多加注意。

三、儿童的救助和保护(掌握)

类 型	内 容
儿童收养服务(长期)	发布送养信息、招募收养家庭、收养家庭评估、收养家庭培训、儿童与收养家庭适配、办理手续、送养儿童进入收养家庭、收养后跟踪回访、评估结案
家庭寄养服务(临时)	招募寄养家庭、合格寄养家庭筛选、寄养家庭评估、寄养家庭培训、儿童与寄养家庭适配、寄养跟踪和评估、寄养服务结案
机构养育服务	是将家庭监护缺失的儿童集中安置在儿童福利机构中，由机构工作人员集体看护的一种照料模式 社会工作者需要尽可能地为在机构集体养育的儿童创造一种家庭的氛围

考查年份：2014 ~ 2015 年，2017 年。属于常考点，一般会出 1 ~ 2 道单选题。主要考查方向：3 种儿童的救助和保护类型的具体内容。

母题精选

【单选题】小张夫妇结婚多年未育，向儿童福利院提出收养儿童的申请，为审核其资格，社会工作者小郑负责对小张夫妇进行家庭评估。评估时，小郑需要完成的核心任务是了解小张夫妇( )。(真题)

A. 家庭育儿能力和条件

B. 是否知晓收养儿童的手续

C. 希望收养多大年龄的儿童

D. 是否知晓收养家庭的权利

微信扫描

【答案】A

【单选题】“类家庭”是儿童福利机构采用的儿童照顾模式之一。这一照顾模式的核心目标是( )。(真题)

A. 培养儿童人际互动技能

B. 为儿童创造一种家庭生活环境

C. 培养儿童做家务的技能

D. 为机构工作人员减轻照料压力

微信扫描

【答案】B

【单选题】小学一年级学生小刚,因父母入狱,没有亲戚照顾,无人抚养。为解决小刚目前的问题,社会工作者正确的做法是(　　)。(真题)

A. 联系民政部门,帮助小刚寻找领养家庭

B. 招募社区志愿者做小刚的监护人

C. 联系有关部门,帮助小刚寻找寄养家庭

D. 劝小刚父母好好改造,争取减刑早日回家

【答案】 C

【单选题】小李是儿童福利院负责家庭寄养服务的社会工作者,在对寄养家庭进行跟踪回访时,小李从村委会和邻居那里了解到,有一户寄养家庭的家长经常用讽刺、挖苦和侮辱性语言对寄养的残疾儿童进行管教。此时,小李应采取的正确做法是(　　)。(真题)

A. 向派出所报案　　B. 终止该家庭寄养

C. 为家长提供培训　　D. 要求村委会严格监管

【答案】 C

第三节　儿童社会工作的主要方法

一、以家庭为中心的方法(重点掌握)

项　目	内　容
方法要素	(1)以家庭为单位 (2)聚焦家庭功能 (3)家庭全程参与 (4)建立良好关系 (5)连接资源网络
方法理念	家庭是儿童成长的最佳环境,儿童社会工作保障儿童能够安全、永久和健康成长的有效方法就是要联合家庭,让家长参与,发挥家庭潜能,并给予家庭支持
实务原则	(1)儿童的安全和健康是第一要务 (2)了解儿童及家庭的情况以及儿童的需要 (3)公平平等地对待儿童及其家庭 (4)家庭寄养地时间不要太长,尽量要短 (5)尽量避免亲子分离,保持儿童在家庭中生活 (6)在家庭外照料的儿童,应当在最短时间内与父母团聚 (7)在不可能回归原生家庭时,应当为儿童安排永久性替代照顾服务(领养或寄养) (8)家庭外照顾儿童应当保证 ①能与关系密切人士保持联系 ②安置环境能满足儿童的个性化成长需要,无不利约束 ③在遵守法律法规的前提下,以儿童的长远发展为出发点

考查年份:2012 ~ 2019 年。属于必考点,每年至少会出 1 道单选题或者多选题,2016 年出了 2 道单选题和 2 道多选题。主要考查方向:①以家庭为中心的方法理念和实务原则;②以家庭为中心方法的主要内容。

续上表

项　目	内　容
以家庭为中心方法的主要内容	(1)以家庭为单位,在社区开展家庭监护评估,筛选风险家庭 ①儿童健康成长需要的监测和评估(健康状况、教育状况、情绪和行为培养状况、身份认同状况、获得建立关系能力的状况、公共形象呈现状况、自我照顾技能) ②家庭监护能力的监测和评估(基本生活照顾能力、安全保障能力、情感传递能力、提供认知刺激的能力、指导培养儿童社会生活的能力、保持稳定持久人际关系的能力) ③综合环境的监测和评估(家庭社会历史、扩展家庭、住房条件、就业状况、家庭收入、家庭的社会融入、利用社区资源) (2)评估结果分析(安全状况、环境状况、健康状况) (3)组建家庭工作团队(家庭的网络系统) (4)开展家庭团队工作(界定儿童伤害的家庭风险类型和程度、挖掘社会支持网络、找出儿童成长的问题及其原因、制订服务计划、定期召开会议、及时结案)

母题精选

【多选题】阿红是外来务工人员,独自带着刚上小学的孩子小军,阿红丈夫在另一个城市打工,因为工作忙,很少与家人联系。近期,阿红接到学校老师的电话反应,小军不合群,经常逃课,违反校规。阿红对小军进行严厉管教,却没有任何效果,小军的问题让阿红很焦虑,于是向社会工作者小黄求助。小黄预估后,拟通过构建社会支持网络帮助小军,小黄应采用的策略有(　　)。(真题)

A. 帮助小军建立正向朋辈关系

B. 对小军进行课业辅导并与其谈心

C. 促进母子相互沟通、关心和鼓励

D. 与阿红丈夫协商,每周末与孩子通话

E. 联系学校老师,共同探讨小军的教育问题

【答案】 ACDE

【单选题】小芳曾经吸毒,戒毒后偶有复吸。一次,小芳在与社会工作者小林会谈中提到,为防止被抓,有时会带着儿子去买毒品,以作掩护。针对此情况,遵循儿童社会工作原则,小林应该(　　)。(真题)

A. 申请剥夺小芳对儿子的监护权

B. 提议小芳将儿子长期寄养在亲戚家

C. 评估小芳行为对儿子的潜在风险,尽量避免母子分离

D. 关注小芳积极改变的一面,相信她不会伤害到自己的孩子

【答案】 C

【单选题】小王育有4个子女，因家庭负担过重，上网联系了收养家庭，在收了对方5 000元后将小女儿送了人。不久，小王被人举报，因涉嫌贩卖婴儿被捕，小王的妻子着急万分，将孩子反锁在家，到相关部门了解小王情况。社会工作者小林得知小王的事情后，联系了社区志愿者照顾小王的孩子们，并推荐小王的妻子参加妇联组织的母婴保健和儿童教育等培训，以提升小王家庭的照顾能力。小林上述服务遵循的原则是（　　）。（真题）

A. 保障儿童的安全和健康

B. 家庭寄养照顾最好长期提供

C. 对于儿童安置的决策应在符合家庭需求的前提下进行

D. 当家庭不能发挥功能时，社会工作者可以替家庭做决定

【答案】 A

【多选题】小丁今年16岁，有一年的药物滥用史。社会工作者小杜负责为小丁提供个案服务，需要对小丁的家庭环境进行评估，其评估内容有（　　）。（真题）

A. 家庭经济状况　　B. 家庭关系状况

C. 社区环境安全状况　　D. 同伴关系状况

E. 亲子沟通状况

【答案】 ABE

【多选题】某村4岁男孩小强，跷二郎腿，边嚼槟榔边抽烟，一副老练样子的视频在网络上流传，被网友称为“社会范儿”男孩。当地社会工作服务机构的社会工作者小王看到视频后到小强家探访，小王了解到，小强父母长期在外打工，他一直由爷爷奶奶照顾。在对小强的家庭监护能力进行评估后，小王应关注的指标包括（　　）。（真题）

A. 监护人生产劳动的能力　　B. 监护人生活照顾的能力

C. 监护人语言表达的能力　　D. 监护人情感传递的能力

E. 监护人安全保障的能力

【答案】 BDE

二、儿童友好社区建设倡导（掌握）

项　目	内　容
标志	（1）能够满足儿童的基本需要 （2）有条件让儿童与同伴见面和玩耍 （3）能够保护儿童免遭伤害 （4）有干净的饮用水和卫生的环境 （5）能够提供儿童所需的教育、医疗和紧急庇护服务 （6）儿童能参与家庭、社区和社会生活 （7）社区能够在其发展过程中发挥儿童的作用，尤其是在与儿童自身相关的社区事务中
内容	（1）完善社区基本建设 （2）建设安全、益智的儿童游戏场所和设施（低龄儿童的室内游戏室、青少年运动场地、母子阅读角或儿童阅览室等） （3）健全社区儿童和家庭服务体系（儿童发展服务机构、儿童福利服务机构、儿童保护服务机构、儿童紧急庇护场所等） （4）创新社区儿童参与工作机制

考查年份：2015年，2017年。本考点考查不多，但考点内容较重要，考生要多加重视，2015年出了1道多选题，2017年出了1道单选题。主要考查方向：儿童友好社区建设倡导的内容。

续上表

项　目	内　容
方法	网络媒体倡导、名人效应倡导、海报宣传倡导、讲座论坛倡导、儿童和家庭问题研究和政策研究倡导

母题精选

【单选题】社会工作者为了倡导儿童友好社区建设，开展了系列服务。下列做法中，通过完善社区环境布局倡导儿童友好社区建设的是(　　)。(真题)

A. 开展儿童友好社区讲座　　B. 设立紧急庇护场所

C. 举办社区亲子趣味运动会　　D. 组织“我爱社区”演讲比赛

【答案】 B

【多选题】某市社会工作者协会运用儿童友好社区建设理念，推动有关部门创建有利于儿童身心健康发展的社区。儿童友好社区建设的内容应包括(　　)。(真题)

A. 提供干净的饮用水和卫生的外部环境

B. 设置安全的儿童游戏设施

C. 设立儿童保护服务机构

D. 在社区内依法合规设置网吧和游戏机房

E. 发动儿童参与到与其相关的社区事务之中

【答案】 ABCE

章节练习

用手机微信扫描【章节练习】旁的二维码或用电脑浏览器打开 https://shegong.ek100.cn/即可进入智能题库进行章节练习。

第三章　青少年社会工作

• 本章应试分析

本章主要介绍了青少年社会工作的相关内容。在历年考试中，本章涉及分值约为6分，通常会有4~5道单选题，1道多选题

本章在考试中所占分值虽然不高，但是考试难度较大，考生要有重点的进行学习，对于每年必考或常考的考点，考生一定要在理解的基础上加以掌握，做到活学活用。

• 思维导图

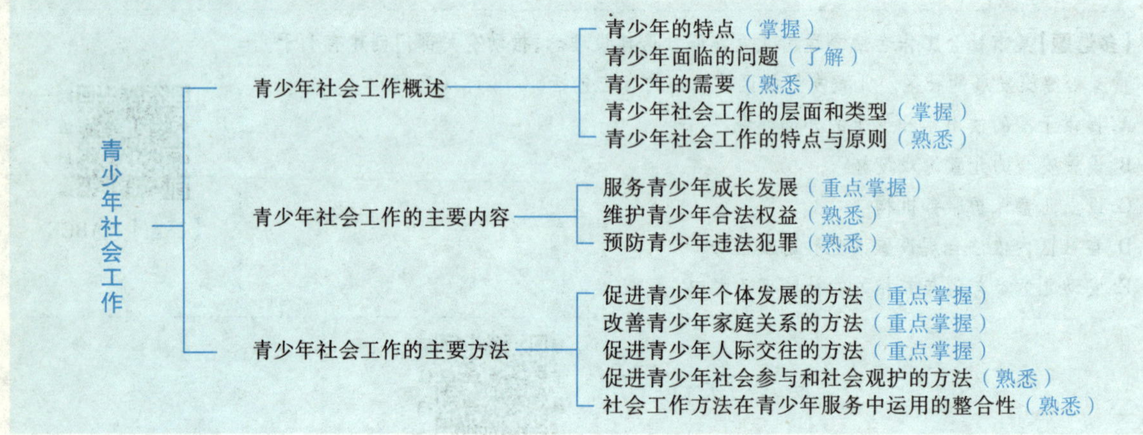

• 名师同步精讲

第一节　青少年社会工作概述

一、青少年的特点（掌握）

项　目	内　容
青少年的特点	(1)生理角度：处于青春发育期 (2)心理角度：主体与客体互动、动荡与稳定结合、突变与渐变统一 (3)文化角度 ①正直青年（循规蹈矩的青少年） ②问题青年（有越轨行为或犯罪倾向的青少年） ③文化叛逆青年（不甘平凡，标新立异，追求独特的文化或生活品位） ④政治偏激青年（爱打抱不平，认同并采取激进的行为，以追求某种理想或社会趋向）

名师指导

考查年份：2012～2013年，2018年。属于常考点，2012年、2013年和2018年均出了1道单选题。主要考查方向：文化角度下青少年的分类。

母题精选

【单选题】小强父母向社会工作者反映，小强进入青春期后性格有了很大的改变，追求另类，不仅将头发染成黄色，在胸前和手臂上绘有文身，还在学校组织了一个摇滚乐队。父母觉得小强应该将精力放在学习上，而小强认为父母观念落后，双方经常发生争执，有时小强甚至一个星期不和父母说话。从文化角度分析，小强属于(　　)。(真题)

A. 政治偏激青年　　B. 问题青年　　C. 文化叛逆青年　　D. 正直青年

【答案】 C

二、青少年面临的问题(了解)

项　目	内　容
青少年面临的问题	青少年面临问题的分类：贫困问题、亲子关系问题、心理健康问题、厌学问题、网瘾问题、婚恋问题、犯罪问题、社会参与问题 尽可能避免对于青少年的标签和排斥，以及不自觉地参与青少年问题的主观建构

考试中青少年的问题一般在题目的案例中体现，未单独出题考查过。

三、青少年的需要(熟悉)

项　目	内　容
青少年的需要	(1)接纳自己的身体和容貌 (2)发展适当的人际关系 (3)追求独立自主 (4)寻求经济独立 (5)为未来职业生涯做准备 (6)发展符合社会期望的认知技能和概念 (7)努力表现负责任的行为，追求理想和抱负 (8)为未来的婚姻和家庭做准备 (9)建立个体的价值体系，符合现实世界的需求

考查年份：2014 年。本考点考查较少，2014 年出了 1 道多选题。主要考查方向：青少年的需要。

母题精选

【多选题】16 岁的小峰，高考失利，加上患有皮肤病，自信心很低，整日躲在家里，不想继续上学，也不想找工作。面对父母失望的眼神，小峰内心非常煎熬，但又觉得无法改变现状。小峰的上述表现反映出的需要有(　　)。(真题)

A. 为未来的职业生涯做准备　　B. 接纳自己的身体与容貌

C. 追求独立自主，不依赖父母　　D. 与同伴发展适当的人际关系

E. 通过叛逆行为获得他人关注

【答案】 AB

四、青少年社会工作的层面和类型(掌握)

项　目	内　容
层面	(1)微观层面：针对个人 (2)中观层面：针对家庭和小组 (3)宏观层面：针对组织、社区、法律法规的修改与倡导

考查年份：2012 ~ 2014 年。属于常考点，一般会出 1 ~ 2 道单选题，偶尔会出 1 道多选题。在 2015 年大纲内容调整后尚未出过题，但考生依然需要多加注意。主要考查方向：青少年社会工作的层面和类型。

续上表

项　目	内　容
类型	(1)发展性社会工作:提供资源,协助青少年生理、心理和社会的正常发展 (2)矫正性社会工作:改善已经发生问题的青少年的个人、家庭和环境 (3)预防性社会工作:对青少年个人、家庭、学校和社区开展的预防性工作

母题精选

【多选题】"共创成长路"抗逆力服务项目旨在通过授课、讲座、活动等方式,帮助青少年降低风险性因素,提高保护性因素,培养正向能力。这一服务项目具有(　　)的特点。(真题)

A. 治疗性　　B. 发展性

C. 预防性　　D. 教育性

E. 整合性

微信扫描

【答案】 BC

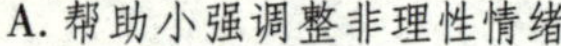

【多选题】因不满父亲的管教方式,15 岁的小强在与父亲发生争吵后,与几位同学一起离家出走。母亲很着急,向社会工作者求助。社会工作者找到小强,询问其离家出走的原因,小强说:"我就不想回家,看见他我就生气!"社会工作者计划提供服务,以改善小强与父亲的关系。下列活动中,从个人层面介入的青少年社会工作服务包括(　　)。(真题)

A. 帮助小强调整非理性情绪　　B. 指导小强改善与父亲的沟通技巧

C. 为小强和同伴开设成长小组　　D. 协助小强父亲改善家庭教育方式

E. 学校加强对小强及同伴的教育

微信扫描

【答案】 AB

五、青少年社会工作的特点与原则(熟悉)

考查年份:2013 年。本考点考查较少,2013 年出了 1 道单选题。主要考查方向:青少年社会工作的原则。

项　目	内　容
特点	(1)价值理念上更突出对青少年群体的多元化和主体性的尊重与接纳 (2)专业方法上更强调促进青少年自我认同和发挥群体示范性效应方面的整合作用 (3)更注重在优化社会环境上的政策倡导
原则	(1)尊重青少年的价值与尊严(尊重) (2)接纳与关爱青少年(接纳) (3)注重青少年的个别需求(个别化) (4)协助青少年具备适应社会变化不断成长的能力(增能)

第二节 青少年社会工作的主要内容

微信扫描

一、服务青少年成长发展(重点掌握)

项 目	内 容
服务青少年成长发展	(1)思想引导(法制教育、公益服务、感恩教育、生命教育) (2)习惯养成(行为治疗、规范教育、培养青少年的自我管理能力) (3)职业指导(正确就业意识、提供就业信息、组织就业技能培训) (4)婚恋服务(树立正确的婚恋观、组织婚恋交友活动) (5)社交指导(培养良好的交往动机和交往品质)

考查年份:2012 年,2015~2016 年,2018~2019 年。属于常考点,在近几年考试中出现频次较高,一般会出 1 道单选题或 1 道多选题。主要考查方向:服务青少年成长发展的 5 项服务。

母题精选

【多选题】青少年社会工作者小秦发现,青少年的不良行为习惯与缺乏良好的自我行为管理能力直接相关。小秦计划为本社区有类似情况的青少年开展一个以提升自我行为管理能力为目标的小组。该小组可以实现的具体目标有(　　)。(真题)

A. 培养青少年的行为决策能力
B. 协助青少年有效地自我约定
C. 协助青少年对自我行为进行评价
D. 提升青少年的自我认知能力
E. 培养青少年对自我行为负责的态度

微信扫描

【答案】 ABCE

【单选题】社会工作者针对社区内 16~25 岁人群的不同需要,开展了下列活动:为学习困难的青少年提供学习方法辅导;为待业青年提供求职面试技巧训练;为婚龄青年进行正确的婚恋观教育。上述活动属于青少年社会工作中的(　　)服务。(真题)

A. 促进青少年成长发展
B. 保障青少年合法权益
C. 预防青少年违法犯罪
D. 增强青少年心理健康

微信扫描

【答案】 A

二、维护青少年合法权益(熟悉)

项 目	内 容
维护青少年合法权益	(1)困难帮扶 (2)权益保护(提供个案维权服务) (3)法律服务(提供法制宣传教育与法律咨询服务) (4)心理疏导(缓解消除心理问题,促进健康人格的形成)

考查年份:2019 年。属于 2015 年增加的知识点,2019 年与其他考点结合考查过 1 道多选题。主要考查方向:维护青少年合法权益。

三、预防青少年违法犯罪(熟悉)

项 目	内 容
预防青少年违法犯罪	(1)正面联系:对闲散青少年进行有针对性的引导和帮扶、加强对流动青少年的管理 (2)临界预防:采取有针对性的预防工作

考查年份:2018~2019 年。属于 2015 年新增知识点,2018 年出了 1 道单选题,2019 年出了 1 道单选题和 1 道多选题。主要考查方向:预防青少年违法犯罪的 4 个方面。

续上表

项　目	内　容
预防青少年违法犯罪	(3)行为矫治:加强制度规则意识和法律底线教育,纠正不良行为习惯 (4)社会观护:减少涉罪未成年人再犯罪

考试中可能会结合学校社会工作和矫正社会工作来出题。

第三节　青少年社会工作的主要方法

一、促进青少年个体发展的方法(重点掌握)

考查年份:2013 ~ 2019 年。基本属于必考点,一般会出1 ~ 2道单选题,偶尔会出 1 道多选题。主要考查方向:①“自我概念”;②“生涯选择配合论”。

(一)自我探索

埃里克森:青少年期的核心任务是完成“辨识角色”,发展重点是“自我、角色与地位”。

项　目	内　容
目标	(1)清楚地认识自己和未来发展的可能性 (2)协助发掘潜能 (3)通过互动强化自我表达 (4)提升自我觉察和觉察他人需要的能力 (5)强调青少年间的回馈和反应 (6)协助自我接纳和自我完成
理论基础	(1)罗杰斯的“自我概念”是个人对自己的看法和了解,是主观性的,可以学习的,会受到家人、朋友等的影响。一个积极、正向的自我概念有利于青少年的健康发展 (2)自我概念的范畴包括:客观我(别人眼中的我)、理想我(希望中的我)、现实我(真正的我)

此处出题方式主要是给出案例,问案例中涉及“自我概念”的哪些方面,或者作为干扰选项出现在考察其他知识题目的选项中,考生要在理解的基础上进行学习。

母题精选

【多选题】社会工作者小刘发现,社区内有一些大学毕业生,一直没有找到合适的工作。通过和这些学生交流,小刘发现,这些毕业生找不到工作的原因是他们缺乏正确的自我认知。于是,小刘计划为这些大学生开展自我探索小组,该小组的具体目标应包括协助他们(　　)。(真题)

A. 提升自我接纳的程度　　B. 发掘每个人的内在潜能

C. 更清楚地认识各种职业需要的能力　　D. 提升自我察觉和察觉他人的能力

E. 更清楚地认识自己及未来发展的可能性

【答案】 ABDE

【单选题】小杰，16岁，家住农村，学习成绩优异，父母长期在外打工，身边的小伙伴也陆续进城打工，感到十分孤单。临近毕业，小杰不知自己该选择继续升学还是进城打工，十分迷茫，心情焦虑。社会工作者计划开展的下列服务中，有助于小杰进行抉择的是(　　)。(真题)

A. 协助小杰学习压力管理技巧　　B. 协助小杰多与父母沟通交流

C. 协助小杰学习情绪管理方法　　D. 协助小杰绘制"自画像"，增加自我觉知

微信扫描

【答案】 D

【多选题】社会工作者以罗杰斯"自我论"中的"自我概念"为理论基础，运用画"自画像"和描绘"我的生命线"等方法协助青少年进行自我探索。上述方法可揭示自我概念的不同层面，包括(　　)。(真题)

A. 现实我　　B. 理想我

C. 主观我　　D. 客观我

E. 本体我

微信扫描

【答案】 ABD

(二)生涯规划

<table>
<tr><th>项　目</th><th>内　容</th></tr>
<tr><td>理论基础
(Wood 生涯选择配合论)</td><td>在职业生涯开始前，要先对自己有一个充分的认知，然后探索外面的职业环境，再将两者进行匹配，做出选择和规划，然后再订立目标做出行动
(1)对自己的认知：能力、兴趣、人格、需求和价值观
(2)对外在职业环境的认知：职业所需要的能力、职业的分类与内容、职业所需特质、各种职业报酬率
对自己的认知和对外在世界认知的对应关系如下图所示
<table><tr><td>个人内在世界</td><td>个人的能力</td><td>个人的兴趣</td><td>个人的人格</td><td>个人的需求与价值观</td></tr><tr><td>外在职业环境</td><td>职业所需能力</td><td>职业的分类与内容</td><td>职业所需特质</td><td>各种职业报酬率</td></tr></table></td></tr>
<tr><td>重点内容</td><td>自我认知、认识工作世界、确认自我工作价值观、评估环境因素</td></tr>
</table>

母题精选

【单选题】社会工作者小林拟运用"生涯选择配合论"来帮助青少年进行生涯规划，协助他们更加清晰地了解个人内在世界与不同职业所需特质之间的关系。小林可设计以(　　)为主题的小组活动，实现其工作目标。(真题)

A. "我的兴趣"　　B. "我的能力"

C. "我的人格"　　D. "我的需求和价值观"

微信扫描

【答案】 C

【单选题】某高中毕业班选择毕业后工作的同学存在职业发展上的困惑。社会工作者小赵拟运用“生涯选择配合论”帮助这部分同学做生涯规划。小赵首先应协助同学们(　　)。(真题)

A. 提升职业所需的能力　　B. 分析职业发展前景与机会

C. 掌控自己的内在世界　　D. 评估各种职业的报酬率

【答案】 C

二、改善青少年家庭关系的方法(重点掌握)

考查年份:2012 年,2015～2017 年,2019 年。属于常考点,近几年考查频次较高,一般会出 1 道单选题,偶尔会出 2 道单选题。主要考查方向:①亲子关系平行小组;②父母效能训练。

项　目	内　容
构建和睦亲子关系	(1)亲子关系包括:纵向(子女年幼时)、横向(子女长大成人)、反纵向(父母年迈时) (2)改善的方法:亲子平行小组(亲子平行小组是针对同一主题,父母和子女分组活动、跨组沟通,协调亲子关系的活动)
开展亲职教育辅导服务(针对父母)	(1)目标 ①协助有效扮演父母角色 ②了解孩子成长特征、任务与危机 ③强化沟通技巧与渠道 ④改善管教态度 ⑤了解家庭气氛对子女成长的影响 ⑥如何早发现与辅导孩子的异常行为 (2)理论基础:父母效能训练(积极倾听、使用“我－讯息”、积极沟通)

母题精选

【单选题】几名高三学生打算放弃高考,一起自主创业,他们的父母得知后非常着急,认为孩子只有上大学才有未来。在与孩子沟通的过程中,家长们发现孩子不仅不听他们的劝告,还讨厌他们的管束,打算一起离家出走到外地创业,家长们很着急,向社会工作者小林求助,希望小林能劝孩子们放弃自己的想法。为帮助遇到此类问题的家长和孩子,小林可采用(　　)的方法协助父母与孩子进行沟通。(真题)

A. 社会观护　　B. 为家长与孩子举办创业技能讲座

C. 资源整合　　D. 为家长与孩子开办亲子平行小组

【答案】 D

【名师点拨】本题 2015 年和 2017 年都考过,所以考生在学习时一定要重视历年真题。

【单选题】有些父母与青春期孩子沟通时不会表达自己的感受。为了提升父母与青春期孩子有效沟通的能力,社会工作者小秦拟依据“父母效能训练模式”辅导父母学习使用“我－信息”技巧与孩子沟通。根据这一技巧的要求,小秦合适的做法是帮助父母(　　)。(真题)

A. 觉察自己的倾听能力　　B. 了解自己的沟通方式

C. 从“我”的角度出发看待世界　　D. 以“我”开头传达信息与子女沟通

【答案】 D

三、促进青少年人际交往的方法（重点掌握）

项 目	内 容
服务目标	（1）帮助成员察觉沟通时的“自我状态” （2）学习有效表达信息 （3）学习专注地倾听 （4）学习作有益回馈 （5）强化沟通技巧 （6）学习处理人际冲突
理论基础	（1）人格结构分析（父母式、成人式、儿童式） （2）沟通分析（互补式、交叉式、暧昧式） （3）脚本分析（“生活地位”四种模式：“我不好，你好”“我好，你不好”“我不好，你不好”“我好，你好”） （4）游戏分析（压迫者、拯救者、牺牲者）
服务内容	（1）“第一印象你我他” （2）“开放的心灵” （3）“P. A. C 自我状态觉察训练”

考查年份：2014～2017年，2019年。属于常考点，一般会出1道单选题。主要考查方向：理论基础和服务内容。

考生要理解各个理论的意思，在考试变换形式的情况下依旧能选出正确的解答。

母题精选

【单选题】社会工作者运用小组工作方法协助社区青少年辨识和察觉自我状态，以改进其表达方式，其中一节的活动内容是：在地上画出分别标有P、A、C的三个圆圈，每两名小组成员为一组，就某一有争议的社会话题进行讨论，当他们使用情绪化、孩子气的语言，或有委屈抱怨等行为时，就跳入C圈；当他们的语气变得成熟理性、情绪稳定时，就再跳入A圈；当他们的语气带有指使、命令、斥责的性质时，则要跳入P圈。该小组工作的互动设计所依据的是（　　）。（真题）

A. 弗洛伊德的自我理论　　B. 萨提亚人际沟通理论

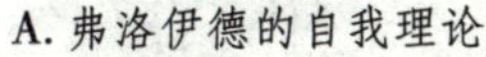

C. 埃里克森的自我理论　　D. 伯恩的沟通分析理论

微信扫描

【答案】D

【单选题】班长小明在组织班级活动时，经常不听其他同学的想法和建议，表现比较强势，失去了同学们的信任。小明找社会工作者小王诉说自己的苦恼。依据艾瑞克·伯恩（Berne）的沟通分析理论，小王判断小明的自我状态属于（　　）。（真题）

A. 儿童式　　B. 父母式　　C. 成人式　　D. 师长式

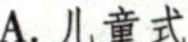

微信扫描

【答案】B

【单选题】社会工作者小秦运用“父母、成人、儿童”自我状态觉察训练方法协助高一新生提高自我觉察能力。训练开始时，全体组员站在儿童圈内。当组员与其他组员沟通，说话语气从情绪化转向成熟理性，行为表现从抱怨转向理性地看待和解决问题后，该组员就可以（　　）。（真题）

A. 从父母圈跳到成人圈　　B. 从成人圈跳到儿童圈

C. 从儿童圈跳到成人圈　　D. 从儿童圈跳到父母圈

微信扫描

【答案】C

四、促进青少年社会参与和社会观护的方法(熟悉)

考查年份:2015 年。本考点考查较少,2015 年出了 1 道单选题,偶尔还会作为干扰选项出现在其他题目中。考生要熟悉考点的内容,能根据案例辨别是否是该种方法。

项　目	内　容
促进青少年社会参与	赫胥的"社会连接理论"中的"参与"特指花费时间和精力参与传统活动 青少年较深入地参与传统活动,就会没有时间和精力去从事越轨活动
促进青少年社会观护	服务形式包括 (1)设立合适未成年人的制度、社会调查制度等 (2)依托社会观护服务站和社会观护基地,组建社会工作专业服务队伍,为有需要的青少年群体开展司法保护和司法社会工作

母题精选

【单选题】社会工作者大智为失学、失业的青少年开展服务,拟根据"社会连接理论"组建一个小组。大智设定的下列总目标中,正确的是(　　)。(真题)

A. 帮助青少年形成良好的行为习惯　　B. 协助青少年树立正确的就业意识

C. 提高青少年的合作意识和能力　　D. 引导青少年更多地参与社会活动

【答案】 D

五、社会工作方法在青少年服务中运用的整合性(熟悉)

考查年份:2013 ~ 2014 年。本考点考查不多,考试时可能会出 1 道单选题或 1 道多选题。主要考查方向:社会工作方法在青少年服务中运用的整合性。

项　目	内　容
整合性	(1)青少年需求的多元性决定了社会工作方法的整合性 (2)社会资源的综合性决定了社会工作方法的整合性 (3)社会工作专业的通才要求决定了社会工作方法的整合性

【单选题】社会工作者小王非常注重运用整合性社会工作方法为社区"失学失业"青少年提供服务。小王的下列做法中,体现整合性方法特点的是(　　)。(真题)

A. 针对社区青少年的多元需求设计服务

B. 加强对青少年个人资源和社会环境的研究

C. 建立本机构内部有效服务青少年的管理制度和机制

D. 向有关部门建议创造更具支持性的青少年发展环境

【答案】 D

章节练习

用手机微信扫描【章节练习】旁的二维码或用电脑浏览器打开 https://shegong.ek100.cn/即可进入智能题库进行章节练习。

第四章　老年社会工作

本章应试分析

本章主要介绍了老年社会工作的相关内容。在历年考试中,本章涉及分值约为7～9分,通常会出3～5道单选题和1～3道多选题

在开展老年人的社会工作时,我们要结合老年人的特点和需要,不能脱离实际情况。考生在学习时需要对知识点进行理解,在理解的基础上加以掌握,提高实践运用能力。

思维导图

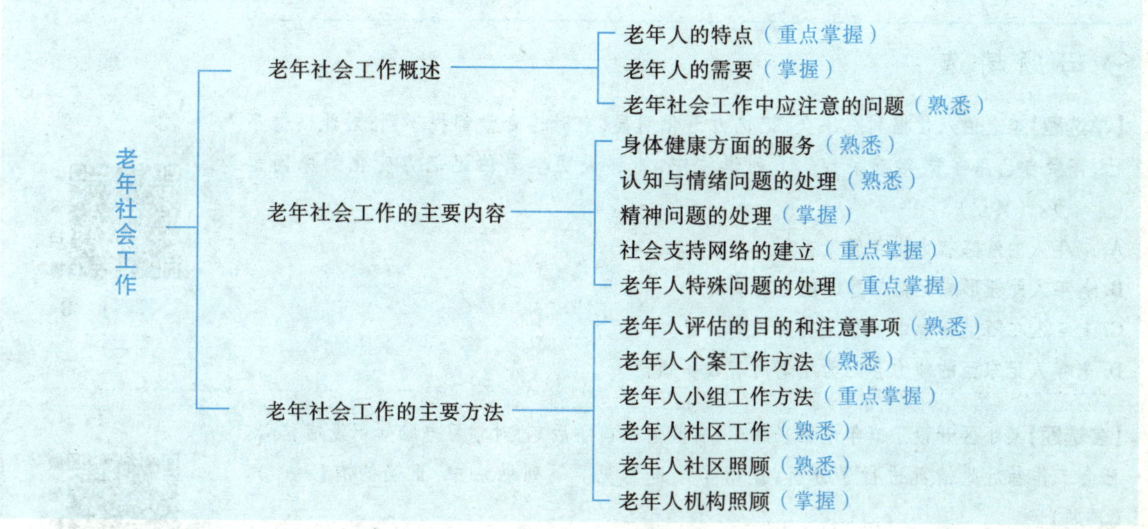

名师同步精讲

第一节　老年社会工作概述

一、老年人的特点(重点掌握)

(一)老年人的划分

项　目	内　容
老年人的划分	低龄老人:60～69周岁;中龄老人:70～79周岁;高龄老人:80周岁以上

(二)老年人的特点

特　点	内　容
生理变化	(1)生理方面包括:皮肤、神经、心血管、肌肉骨骼、呼吸、泌尿、内分泌和生殖系统、感觉系统(视觉、听觉、触觉、味觉、嗅觉) (2)老年人生理方面会逐步老化、丧失功能

名师指导

考查年份:2014年,2016～2019年。属于常考点,一般会出1道单选题,偶尔还会出1道多选题。主要考查方向:老年人的特点。

续上表

特　点	内　容
心理变化	(1)智力衰退。智力分为结晶智力和液态智力 结晶智力是指对知识和经验的积累,液态智力是指储存记忆信息的能力。老年人的结晶智力比年轻人多,液态智力没有年轻人多 (2)人格(获得自我完整,避免陷入自我绝望) (3)记忆力损伤(记忆事情的能力没有太多变化,处理记忆信息的能力受到了损伤)
社会角色变化	角色理论认为个体经历老化过程带来的变化时,他们会丧失象征中年的社会角色和社会关系

近几年对智力衰退考查的比较多,考生要在理解的基础上加以记忆。

母题精选

【单选题】李老伯入住福利院不久,记忆力退化明显,有时连食堂都找不到,对此懊恼不已,怀疑自己患了老年痴呆症。下列说法中,能够说明李老伯记忆力变化的原因是(　　)。(真题)

A. 老年人的液态智力比年轻人多

B. 老年人处理形成记忆信息的能力有改变

C. 老年人在陌生环境中不容易丧失认知功能

D. 老年人记东西的能力会因为年老而有较多损伤

【答案】　B

【多选题】某小区开设了老年电脑兴趣班,有些老人前学后忘,对学习电脑知识没有信心。社会工作者对此情况进行了分析,提出了改进意见。下列做法中,正确的有(　　)。(真题)

A. 注意所教知识的实用性

B. 鼓励老年人在家多用电脑练习

C. 减少教学知识点,放缓教学速度

D. 更换新的教学点,增加学习兴趣

E. 调整电脑设置,使老年人看得更清楚

【答案】　ABC

二、老年人的需要(掌握)

考查年份:2017～2019年。本考点近几年考查较多,一般会出1道单选题或者1道多选题。主要考查方向:老年人的各项需要。

项　目	内　容
老年人的需要	(1)健康维护的需要(最为关注和渴望被满足的需要) (2)经济保障的需要 (3)就业休闲的需要 (4)社会参与的需要 (5)婚姻家庭的需要 (6)居家安全的需要 (7)后事的安排的需要 (8)一条龙照顾服务的需要

母题精选

【多选题】在一次老年小组活动中，组员们表达了各自对生活的愿望，社会工作者将其归纳如下：广泛参与社会生活，保持健康的生活方式，享有和谐安全宜居的家庭氛围和社会环境。上述愿望体现了老年人对(　　)的需要。(真题)

A. 婚姻家庭　　B. 居家安全　　C. 健康维护

D. 就业休闲　　E. 社会参与

【答案】 BCE

三、老年社会工作中应注意的问题(熟悉)

考查年份：2014 年，2016 年。本考点考查不多，2014 年和 2016 年均出了 1 道单选题。主要考查方向：老年社会工作中应注意的问题。

项　目	内　容
应注意的问题	(1)价值观问题：防止将社会上不正确的价值观带入到工作中 (2)反移情与工作倦怠问题 ①反移情是社会工作者将自己对生活中重要人物的情感态度转移到服务对象身上，例如会想到自己的晚年或者将对自己家老人的态度转移到服务对象身上 ②社会工作者应敏锐地体察自己的情绪状态，及早发现工作耗竭的征兆，并采取减压措施

社会工作者出现问题需要去找督导解决。

母题精选

【单选题】社会工作者小陈在福利院从事失智老人的服务工作，看到院内有些老年人的失智情况越来越严重，小陈觉得无论怎么努力都改善不了他们的状况，久而久之感到自己的工作没有价值。上述情况表明，小陈所面临的主要问题是(　　)。(真题)

A. 移情　　B. 缺少工作方法　　C. 工作倦怠　　D. 丧失价值信念

【答案】 C

【单选题】小玲是护理院的社会工作者，经常为临终老人及其家庭提供服务。最近一段时间，小玲感到很疲惫，对工作缺乏兴趣，容易发火动怒。作为一名社会工作者，小玲最恰当的做法是(　　)。(真题)

A. 克服自身困难，保持服务热情

B. 坦诚告知服务对象自己目前的状况，暂缓提供服务

C. 与家人讨论自己的工作内容，征求他们的意见

D. 寻求专业督导支持，找到改变自身状况的方法

【答案】 D

第二节　老年社会工作的主要内容

一、身体健康方面的服务(熟悉)

考查年份：2012 年，2019 年。本考点考查较少，2012 年和 2019 年各出了 1 道单选题。主要考查方向：身体健康方面的服务。

项　目	内　容
健康促进与健康维护服务(直接服务)	为老年人提供与身体健康直接相关的治疗、康复、预防疾病等方面的服务

续上表

项 目	内 容
与健康照顾有关的服务(间接服务)	(1)个人协助服务(生活照料、家务助理等) (2)出行和行动服务(提供手杖、轮椅等) (3)技术支持(紧急呼叫系统安装等) (4)信息咨询、转介、入住老人院舍等

二、认知与情绪问题的处理(熟悉)

考查年份:2012 年。本考点考查较少,2012 年出了 1 道单选题。主要考查方向:认知与情绪问题的处理。

问 题	危害/表现	处 理
抑郁症	影响情绪和情感	及时治疗,防止自杀
痴呆症	影响认知和智力	需要进行药物治疗
谵妄症	类似痴呆,但发病突然,并有生理方面原因,是可逆转的	需要进行药物治疗
焦虑症	过度忧虑,非理性的恐惧,抱怨身体不适	需要进行情绪疏导

三、精神问题的处理(掌握)

考查年份:2012 年、2014 年、2018 年。2012 年和 2014 年是结合优抚安置社会工作出的考题,2018 年出过 1 道单选题。主要考查方向:精神问题的处理。

项 目	内 容
精神问题的处理	(1)珍惜当下,享受生活 (2)找到往事的意义,并在其基础上构建生命的意义 (3)不逃避自己的局限,看到过往生活的缺憾 (4)接受生活中所有好的和不好的一面,寻求和解 (5)拓展个人爱好和同情的圈子

四、社会支持网络的建立(重点掌握)

考查年份:2014 ~ 2015 年,2017 ~ 2019 年。属于常考点,一般会出 1 道单选题或者 1 道多选题。2015 年考查较多,出了 2 道单选题和 1 道多选题。主要考查方向:①正式支持和非正式支持;②用家庭思维建立家庭支持。

项 目	内 容
正式支持	(1)构成:政府的老年工作组织机构和涉老组织机构 (2)支持内容:涉及贫困救助、生活照料、危机干预、权益保障等
非正式支持	(1)构成 ①家庭成员,子女的养老支持 ②亲属,兄弟姐妹及远亲等对老年人的支持 ③非亲属,邻居、朋友、同事、社会组织等对老年人的支持 (2)支持内容:经济支持、情感支持、生活照料、精神慰藉等
用家庭思维建立家庭支持	(1)家庭思维的含义:把老年人看成是复杂的多代关系系统的一部分 (2)家庭体系的工作 ①帮助家庭"解除羁绊",代表老人把家庭动员起来

英国学者婉格尔归纳了 5 种社会支持网络类型:家庭依赖型、社区整合型、自我涵括型、社区依赖型、自我局限型。

续上表

项　目	内　容
用家庭思维建立家庭支持	②识别成功的家庭应对技能，拓展新的技能 ③帮助老人及其家人对需求进行排序 ④为老人制订计划 (3)开办照顾者支持小组，为照顾者提供建议和情感支持(喘息服务)
促进老人的社会融合	为老年人设计不同的活动，制订不同年龄段的人共同参加的活动

母题精选

【单选题】张大爷丧偶多年，几年前因脑出血导致半身不遂。张大爷的女儿长期独自照顾他，近来感到力不从心。社会工作者得知后，拟从“家庭思维”的视角出发，为该家庭提供服务，其适宜的做法是(　　)。(真题)

A. 组织社区志愿者定期采访张大爷

B. 邀请张大爷女儿参加照顾者支持小组

C. 联系专业康复人员定期上门提供服务

D. 动员张大爷入住养老机构，让女儿常去探访

【答案】 B

【单选题】某农村社区青壮年大多外出务工，留守、独居老人占社区老年人的比例很大，其中部分老人年老体弱，生活困难。为加强这些老人的非正式支持系统，社会工作者合适的做法是(　　)。(真题)

A. 为生活困难的老年人申请救助

B. 招募和组建志愿服务队为老年人提供服务

C. 请当地老龄委工作人员到社区宣传《老年人权益保障法》

D. 请当地敬老院工作人员到社区做宣传以吸引老年人入住

【答案】 B

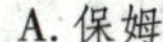

【多选题】王老伯是甲街道某社区活动积极分子，最近因中风卧床不起，儿子儿媳请了保姆照顾他。社会工作者知道后，上门看望老人，协助他向民政部门申请临时困难补助，还邀请了志愿者定期看望陪伴。在上述案例中，属于王老伯正式支持体系的有(　　)。(真题)

A. 保姆　　B. 街道办事处　　C. 儿子儿媳

D. 志愿者　　E. 民政部门

【答案】 BE

五、老年人特殊问题的处理(重点掌握)

考查年份：2012～2014年，2016～2017年，2019年。基本属于必考点，一般会出1道单选题，偶尔还会出1道多选题。主要考查方向：老年特殊问题的处理。

项　目	内　容
虐待和疏于照顾问题	(1)虐待老人(身体虐待、性虐待、情感或心理上的虐待、经济虐待) (2)疏于照顾老人(他人疏于照顾、自我忽视)

续上表

项　目	内　容
丧亲问题	(1)丧亲过程:否认期、愤怒期、讨价还价期、抑郁期、接受期 (2)重点工作:①提供情感支持;②代表老人及其家人争取合理权益;③提供相关资料和信息;④做丧亲辅导(主要是情绪疏导)
临终关怀	(1)辅助医疗专业人员帮助老人控制疼痛和症状(音乐治疗、艺术治疗、宠物治疗、戏剧治疗、按摩、做运动等) (2)协助解决医疗费用等问题 (3)提供丧亲后续服务
自杀问题	(1)自杀评估 ①直接线索(明确地说出自杀意愿) ②间接线索(未明确说出自杀的意愿,但言语有自杀的倾向,如“如果没有我你会过得好一些”) ③行为线索(有自杀倾向的行为,如准备安眠药、筹划葬礼等) (2)自杀干预 ①担任预防者的角色,工作焦点在当前促使老人决定终止生命的危机上(危机介入:清除眼前的危险;找人陪伴;做安全约定;缅怀往事治疗) ②动员老人外部环境中的资源 ③制订行动方案

考生需要将老年社会工作的临终关怀与优抚安置社会工作、医务社会工作中的临终关怀结合起来进行学习。

母题精选

【单选题】许大爷在养老院住了6年,近期被诊断为晚期肺癌,原来乐呵呵的许大爷变得情绪低落,整天唉声叹气,对社会工作者小关说自己活不了多久,治疗也没用了,想放弃治疗。此时,为了帮助许大爷,小关适当的做法是(　　)。(真题)

A. 与医生沟通其治疗方案　　B. 与其社区建立联系

C. 鼓励其接受现实,保持希望　　D. 帮助其做出院前的心理准备

【答案】C

【单选题】社会工作者小林到老伴刚去世的张奶奶家探访,碰到张奶奶正与女儿聊天,聊天过程中,张奶奶表示要修改之前和老伴一起订的遗嘱,还要尽快将老伴留下的字画分给孩子们……张奶奶女儿还悄悄对社会工作者说,她收拾房间时,在张奶奶的枕头下发现不少安眠药。针对上述情况,小林首先要做的是(　　)。(真题)

A. 请亲朋好友陪伴张奶奶　　B. 对张奶奶进行哀伤辅导

C. 对张奶奶进行自杀风险评估　　D. 请法律志愿者协助张奶奶修改遗嘱

【答案】C

【单选题】张老伯重病卧床不起,生活不能自理,他常对老伴说:“没有我,你就解放了。”并偷偷积攒安眠药。社会工作者小钱在评估中发现张老伯有自杀的可能,此时,他首先要做的是(　　)。(真题)

A. 找子女或老伴多陪伴张老伯　　B. 拿走张老伯积攒的过量安眠药

C. 联络医护人员开展进一步评估　　D. 与老伯做安全约定,承诺不自杀

【答案】B

【名师点拨】题目中“没有我，你就解放了”是间接线索，“偷偷积攒安眠药”是行为线索。社会工作者在自杀干预时，首先要清除眼前的危险，如储存的药物；找人在老年人艰难的时候陪着他，或者联络医护人员让老入住院接受进一步评估；与老年人做安全约定，让他答应在下次来探望前不要自杀。

第三节　老年社会工作的主要方法

一、老年人评估的目的和注意事项(熟悉)

考查年份：2016 年，2018 年。本考点考查较少，2016 年出了 1 道单选题，2018 年出了 1 道多选题。主要考查方向：老年人评估的注意事项。

项　目	内　容
评估的目的	(1)识别老人的优势与不足 (2)识别支持和维护现有功能的方法 (3)识别恢复丧失功能的干预措施 (4)识别替代丧失功能的支持性措施
评估的内容	老年人的基础性评估是综合性的评估，主要包括：①老年人社会人口特征方面的资料；②身体健康、心理和情绪方面的安康状况；③社会功能状况；④日常活动能力状况；⑤经济状况；⑥环境安全状况
注意事项	(1)评估时的物理环境 (2)平衡好老人自立与依赖他人的需要 (3)关注最初提议做评估的人(能提供有用的信息) (4)注意老年人群体的异质性 (5)尊重老年人的隐私权

母题精选

【单选题】王大爷年近 80 岁，独居，社区工作者小杨发现王大爷腿脚行动不便，上门为王大爷进行个案评估。根据王大爷的状况，小杨认为应为王大爷提供家政、送餐等居家养老服务，王大爷表示：“我可以照顾自己，不用外人到我家里来。”王大爷的反应说明，社会工作者在处理此类问题时应(　　)。(真题)

A. 平衡老人自立与他人协调间的需求　　B. 尊重老人的隐私权

C. 营造适宜与老人沟通的环境　　D. 极力说服老人接受居家照顾服务

【答案】A

二、老年人个案工作方法(熟悉)

考查年份：2015 年。本考点考查较少，2015 年出了 1 道单选题。主要考查方向：老年个案工作方法的注意事项。

项　目	内　容
特点	(1)接案阶段，与老人进行良好沟通 (2)预估阶段，注意老人身体、心理、社会方面的功能状况 (3)制订计划阶段，充分吸收老人参与 (4)介入阶段，定期追踪进展情况 (5)评估阶段，重视老人的主观评价 (6)结案阶段，对老人个案进行追踪，处理老人的情绪问题

续上表

项 目	内 容
注意事项	(1)营造适宜沟通的环境 (2)对有沟通障碍的老人要多方求证其问题 (3)对老人要尊重,给予自决,有耐心

母题精选

【单选题】85 岁的刘爷爷独自一人生活,前不久因中风导致行动不便,身体日渐衰弱。子女担心他发生意外,打算送刘爷爷去养老院生活。但刘爷爷不愿去养老院,担心养老院的规定会影响自己的生活习惯。面对刘爷爷和子女间的意见分歧,社会工作者应采取的介入措施是(　　)。(真题)

A. 引导刘爷爷改变生活习惯,适应养老院生活

B. 尊重刘爷爷的决定,帮助他与子女协商解决问题

C. 尊重子女的决定,劝刘爷爷去养老院

D. 建议子女改变想法,请保姆在家照顾刘爷爷

微信扫描

【答案】 B

三、老年人小组工作方法(重点掌握)

考查年份:2013 ~ 2015 年,2017 ~ 2018 年。基本属于必考点,一般会出 1 道单选题或者 1 道多选题。主要考查方向:老年小组工作的特点和注意事项。

项 目	内 容
特点	(1)因身体上的不便和知觉方面的限制,组织活动时要相应地调整 (2)带领者扮演积极的角色 (3)小组节奏比较慢,带领者要注意成员的点滴进步
注意事项	(1)尊重自决权 (2)平衡对小组和个人所负的责任 (3)尊重保密权 (4)干预小组动力,保护小组成员免受伤害

母题精选

【单选题】社会工作专业实习生小丁第一次独立做老年人小组工作,心里没底,向督导者张老师请教。张老师给了小丁一些建议。下列建议中,正确的是(　　)。(真题)

A. 根据老年人的节奏调整小组进度

B. 老人参加小组一定要征得家人同意

C. 为每位老人配备一名志愿者,以确保其安全

D. 确保老年人在小组内能够任意表达对其他组员的看法

微信扫描

【答案】 A

【单选题】社会工作者小王组建了一个面向独居老人的支持小组。在小组活动中,小王发现刘大爷因受到其他组员的言语攻击而烦躁不安。此时,小王首先应做的是(　　)。(真题)

A. 由刘大爷决定小组是否继续

B. 请刘大爷想想不被组员接纳的原因

C. 要求所有组员遵守保密原则,对组外保密

D. 调解组员间的冲突,保护刘大爷免受伤害

微信扫描

【答案】 D

四、老年人社区工作(熟悉)

项　目	内　容
重点目标人群	独居老人、高龄老人、伤残老人、困难老人
社区工作方案	(1)目标:通过统筹社区资源,针对社区老人的需求提供相应的优质服务,提高老人的生命和生活质量 (2)类型:居家服务、社区中心服务、社区老人照顾机构服务 (3)原则:优势视角、充权、统筹规划、资源连接与整合

考查年份:2016 年。本考点考查较少,2016 年出了 1 道单选题。主要考查方向:老年社区工作方案的类型和原则。

母题精选

【单选题】社会工作者在家访中发现,刘老伯的个人卫生差、居家环境又脏又乱,可能存在被他人疏于照顾的风险。对此,社会工作者最适宜提供的服务是(　　)。(真题)

A. 家庭托养　　B. 居家照顾

C. 经济支持　　D. 情绪疏导

【答案】 B

五、老年人社区照顾(熟悉)

项　目	内　容
特点	社区照顾正在由服务导向型向需求导向型转变,即不是由机构自行决定其提供的服务,而是根据服务对象的需求来提供服务
社区照顾内容	咨询与转介、志愿者服务、代际融合、老年教育、老年休闲娱乐、老年就业、照顾人支持、健康照顾与生活安康、居家安全等 老年人社区照顾的服务方案是由多方参与的,社会工作者可以采用多种途径提供服务。对于方案的评估也要力求多方参与,既要有主观指标,也要有客观指标

考查年份:2015 ~ 2016 年。属于常考点,2015 年出了 1 道单选题,2016 年出了 1 道多选题。主要考查方向:老年人社区照顾的内容。

母题精选

【多选题】某居家养老服务机构在需求评估后,计划为社区中的中风老人开展社区照顾服务。下列关于社区照顾的说法中,正确的有(　　)。(真题)

A. 社会工作者可以采取多种途径提供服务

B. 主要注重微观层面的介入

C. 代际融合也是中风老人社区照顾的内容

D. 需兼顾不同状况老年人的需要

E. 特别需要资源配套衔接

微信扫描

【答案】 ACDE

【单选题】随着年龄的增长,独居的张大爷身体机能逐渐下降,对买菜做饭感到力不从心。在社会工作者小王为张大爷提供的各类服务中,属于社区照顾服务的是(　　)。(真题)

A. 联系送餐服务帮助他解决困难　　B. 护送他入住养老机构以获得专业照护

C. 劝说他改变饮食习惯,选择方便食品　　D. 通过婚介机构为他征婚,找个老伴

【答案】 A

六、老年人机构照顾（掌握）

项　目	内　容
养老机构的类型	老年公寓、临终关怀机构等
接受养老机构照顾的老年人的生活特点	(1)社交固定化、生活程序化 (2)生活常由他人陪伴，个人的自主空间少 (3)隐私受限，常与他人同住 (4)与机构外的人接触少 (5)依赖机构人员 (6)掩饰想法 (7)退出一些活动以适应机构 (8)挑衅工作人员 (9)重回社区后，没有信心适应社区生活
养老机构中社会工作者的工作内容	(1)申请和做决定阶段：帮助服务对象了解养老机构、消除其与家人的负面情绪、评估服务对象是否适合入住养老院 (2)等候期间：与老年人及其家人保持联系、消除他们的疑虑和不良情绪，协调资源满足老年人的需求 (3)准备入住和入住初期阶段：帮助服务对象了解机构的规定和生活情形、帮助其适应新的生活方式和交际圈、重新安置不适应的老人等 (4)入住一段时间后：关注老年人的个别需求并协助其解决、强化其与家人、社区的联系 (5)出院和出院后：对重回社区居家养老的，社会工作者要协调安排居家养老并做追踪评估；对无法满足其需要的照顾，要转介养老机构的，社会工作者要帮助老年人接纳自己，并与老人及其家人选择适当的转介机构 (6)死亡和濒临死亡：为老年人提供临终关怀，并协助其家人处理好身后事宜

考查年份：2015 年，2017～2019 年。属于常考点，近几年出题频次较高。2015 年、2018 年和 2019 年各出了 1 道多选题，2017 年出了 1 道单选题。主要考查方向：养老机构中社会工作者的工作内容。

母题精选

【多选题】李奶奶 86 岁，丧偶，患有阿尔茨海默病，与女儿一家共同生活。由于家人无力照顾，为李奶奶申请入住护理型老人院。老人院的社会工作者在李奶奶等候入院期间应开展的工作有（　　）。（真题）

A. 打电话询问李奶奶的情况　　B. 帮李奶奶与院内老人结对

C. 提供李奶奶入院后的生活计划　　D. 动员李奶奶的女儿做老人院的志愿者

E. 帮助家人缓解对李奶奶住老人院的焦虑

【答案】 AE

章节练习

用手机微信扫描【章节练习】旁的二维码或用电脑浏览器打开 https://shegong.ek100.cn/即可进入智能题库进行章节练习。

第五章　妇女社会工作

本章应试分析

本章主要介绍了妇女社会工作的相关内容。在历年考试中，本章涉及分值约为8分，近两年考试单选题题目量有所增加，多选题题目有所减少，变化后题目量有5道单选题、1道多选题

考生在学习本章内容时，要有重点地进行学习，对妇女社会工作概述、妇女社会工作的主要方法、妇女社会工作的主要内容中重要的知识点，考生需要在理解的基础上加以运用。

思维导图

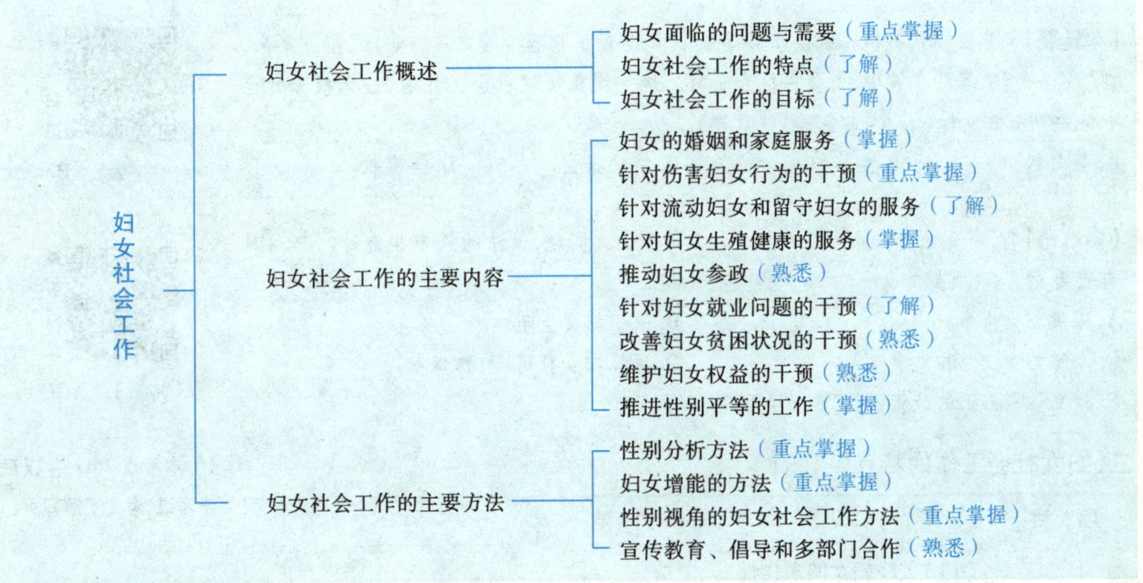

名师同步精讲

第一节　妇女社会工作概述

一、妇女面临的问题与需要（重点掌握）

项　目	内　容
妇女面临的问题	(1)婚姻与家庭问题(离婚、违法婚姻等) (2)针对妇女的暴力的问题 (3)生殖健康的问题 (4)留守妇女和流动妇女的问题 (5)妇女就业的问题 (6)贫困女性化问题

名师指导

考查年份：2012～2013年，2015年，2017～2018年。基本属于必考点，一般会出1道单选题或者1道多选题。主要考查方向：妇女的需要。

续上表

项　目	内　容
妇女面临的问题	(7)妇女参政的问题(结合增能)
妇女的需要	(1)生命权得到保障的需要 (2)生殖健康的需要 (3)保障妇女权益和发展的需要 (4)**建立性别公正的政策、制度和社会环境的需要**

母题精选

【单选题】某儿童福利机构在社会工作者提议下设置了收容弃婴的“安全岛”。一年来，在“安全岛”收容的婴儿中，女婴占绝大多数。这一现象提醒社会工作者，应积极呼吁全社会共同关注女性(　　)的保障。(真题)

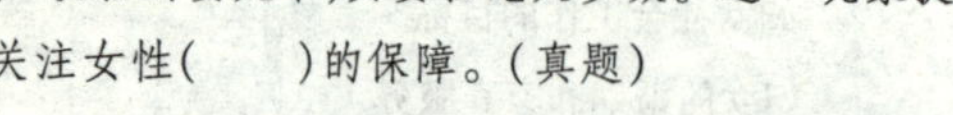

A. 教育权　　B. 生命权　　C. 特殊权益　　D. 生育权

微信扫描

【答案】　B

【多选题】《反家庭暴力法》自2016年3月1日起正式实施，该法的颁布实施对(　　)具有重要意义。(真题)

A. 保障妇女生命权　　B. 保护妇女生殖健康

C. 保障妇女权益和发展　　D. 保障妇女获得“特殊保护”

E. 建立性别公正的政策、制度和社会环境

微信扫描

【答案】　ACE

二、妇女社会工作的特点(了解)

本考点2012年以后未考过，考生了解即可。

项　目	内　容
妇女社会工作的特点	(1)关注妇女的多样性 (2)关注妇女的声音和经验(起点) (3)理解和接纳妇女的现实处境 (4)强调“个人的即政治的” (5)注重本土妇女工作经验的总结和提炼

三、妇女社会工作的目标(了解)

本考点2012年以后未考过，考生了解即可。

项　目	内　容
直接目标(微观)	(1)缓解心理压力和宣泄情绪 (2)重塑自我，提升自我认识 (3)解决妇女的实际困难和需要
中间目标(中观)	(1)协助重新界定妇女的问题 (2)提升性别意识，促进自省、自信和自我认同 (3)建立妇女支持小组，减少成员孤独感

续上表

项　目	内　容
最终目标（宏观）	（1）重新建构权力关系 （2）建立妇女网络与网络之间的连接 （3）倡导和建立全社会的性别公正和公平意识

第二节　妇女社会工作的主要内容

一、妇女的婚姻和家庭服务（掌握）

考查年份：2015～2016年，2018～2019年。属于常考点，一般会出1道单选题。主要考查方向：婚姻和家庭关系调适。

（一）婚姻和家庭关系调适

项　目	内　容
性别视角家庭工作的原则	（1）尊重接纳家庭和婚姻形式的多样性 （2）重新调整家庭权力 （3）工作和家庭生活的协调与平衡 （4）父母亲责任同样重要 （5）社会应提供必要的资源和服务
家庭教育的重点	教育女性在家庭生活中自我增权，争取自我更人性化的生活，同时也教育其他成员尊重女性的个性和权利
家庭关系的处理	（1）夫妻关系的调适：避免只要求妻子改变，忽视丈夫改变的重要性 （2）婆媳关系的调适 ①婆家娘家平等对待 ②包容和相互理解、将心比心，平等尊重 ③丈夫发挥积极调节作用 （3）亲子关系的调适：强调父亲的参与和家人的配合

母题精选

【单选题】王先生和刘女士的儿子正在上初中，儿子的教育主要由刘女士负责。随着儿子学习知识难度的加深，仅高中毕业的刘女士觉得对儿子的功课辅导越来越力不从心。随着儿子进入青春期，刘女士与儿子的互动越来越少，刘女士为此很苦恼，向社会工作者小丽求助，依据性别视角的妇女社会工作理念，小丽能提供的帮助是（　　）。（真题）

A. 提高刘女士的文化素养

B. 教授刘女士与儿子的沟通技巧

C. 增进王先生与儿子的沟通互动

D. 唤醒王先生对儿子的负疚感

【答案】 C

【单选题】社会工作者小李为一个有婆媳矛盾的家庭提供专业服务。小李了解到，这对婆媳在家务分工、晚辈教育、老人赡养、经济支配等很多方面存在矛盾。经过分析，小李认为，婆婆的“从夫居、养儿防老”观念是导致这对婆媳发生矛盾的深层根源。小李的上述分析反映了（　　）对家庭的影响。（真题）

A. 传统性别制度　　B. 婆媳个人素质　　C. 传统性别角色　　D. 婆媳两代关系

【答案】 A

（二）针对单亲母亲家庭的服务

项　目	内　容
主要问题	亲子关系问题、单亲子女教育难、单亲母亲贫困化、就业困难、再婚难、对单亲母亲的歧视和偏见、缺乏社会保障
如何看待单亲母亲家庭	（1）单亲家庭是一种现实存在，是正常的家庭形式 （2）单亲母亲问题不是个人问题，而是社会福利不足、社会歧视等造成的 （3）尊重单亲母亲应对问题的能力和智慧
服务内容	建立社会支持系统，利用正式和非正式支持系统帮助其摆脱困境

考试时，可能会结合妇女社会工作的方法出题，比如针对单亲母亲的增能、用性别视角的工作方法为单亲母亲提供服务等。2017 年考试结合妇女增能和性别视角工作方法各出了 1 道单选题。

二、针对伤害妇女行为的干预（重点掌握）

考查年份：2013 ~ 2016 年，2019 年。属于常考点，一般会出 1 道单选题或者 1 道多选题。主要考查方向：婚姻暴力的特征和针对妇女暴力的干预原则。

（一）针对妇女的婚姻暴力

项　目	内　容
婚姻暴力的特征	（1）低自尊：受虐妇女自身有严重的心理压力和罪恶感，认为自己应当对施暴者的行为负责 （2）暴力循环：暴力的发生有一定的周期性和规律性 （3）暴力正常化：受虐妇女将暴力行为正常化，将其看作是自己生活中的一部分

母题精选

【多选题】长期遭受婚姻暴力的妇女会认为自己应该对施暴者的行为负责，有严重的罪恶感和心理压力，逐渐将暴力行为视为日常生活的一部分，否定自己的能力，不相信自己能够摆脱暴力，导致遭受的婚姻暴力周期性发生。上述现象可概括为“受虐妇女综合征”，其特征包含（　　）。（真题）

A. 低自尊　　B. 以暴制暴　　C. 暴力循环

D. 暴力转移　　E. 暴力正常化

【答案】 ACE

（二）拐卖妇女

项　目	内　容
介入策略	（1）修改和完善相应的法律 （2）在政府层面、社会层面、社区层面、家庭及以及个人层面，开展有针对性的活动，进行综合治理

(三)针对妇女暴力的干预原则

项 目	内 容
干预原则	(1)关注受害妇女的人身安全 (2)接纳受害妇女描述的问题而不是责怪受害者 (3)尊重受害妇女的人格独立,提升其自信心 (4)与受害妇女建立信任、真诚的专业关系

针对遭遇婚姻暴力的妇女,社会工作者首先要保障其生命安全。

母题精选

【多选题】小赵来到社会工作服务机构,哭诉说她丈夫性情粗暴,喜欢抽烟喝酒,且酒后经常打骂她。小赵实在忍无可忍,求助社会工作者。社会工作者在帮助小赵时,应遵循的干预原则有(　　)。(真题)

A. 私人问题个人负责　　B. 关注人身安全

C. 建立专业关系　　D. 尊重人格独立

E. 接纳其描述的问题

【答案】 BCDE

(四)针对妇女暴力的干预策略

项 目	内 容
干预策略	(1)促进相关立法及法律的完善,建立社会救助机制,创造良好社会环境(宏观) (2)建立受暴妇女支持小组,鼓励成员参与反暴力工作,建立对施暴人的干预机制(中观) (3)为受暴妇女提供各种形式的服务(心理辅导、咨询,个案辅导等)(微观) (4)开展反妇女暴力的综合干预行动,多机构合作机制(中观、宏观)

三、针对流动妇女和留守妇女的服务(了解)

本考点2012年以后未考过,考生了解即可。

(一)针对流动妇女的服务

项 目	内 容
针对流动妇女的服务	(1)国家层面(宏观):完善社会保障制度,优化生存和工作环境 (2)社区层面(中观):针对需求开展文化娱乐服务,鼓励参加社区公益活动,进行职业培训拓宽就业渠道,为孩子办夏令营等减少负担 (3)个人层面(微观):建立支持小组,建立互助关系系统,增强维护权利力量,提供就业咨询和心理辅导

(二)针对留守妇女的服务

项 目	内 容
针对留守妇女的服务	(1)政策方面要关注农业女性化带来的农业问题 (2)用政策和资源改善留守妇女的精神生活,提供安全的生活环境,减轻生活负担,增加资源以减少压力和解决困难 (3)提供农业技术培训,提高农业技术水平

四、针对妇女生殖健康的服务(掌握)

项　目	内　容
干预原则	(1)主体原则:妇女是主体,可以拒绝一切损害身心健康的生育要求和性生活 (2)参与原则:妇女应当主动参与健康计划的制订和实施
干预策略	(1)健全具有社会性别敏感性的妇女生殖健康的政策 (2)建立"以社区为基础、以妇女为中心"的服务策略 (3)建立妇女定期生殖健康检查的制度

考查年份:2014～2017年。属于常考点,一般会出1道单选题或者1道多选题。主要考查方向:妇女生殖健康服务的干预策略。

社会性别敏感性的政策是男女共同承担生育健康的责任和风险。

母题精选

【单选题】外来务工人员小丽怀孕了。社会工作者小宋邀请小丽夫妇参加社区举办的科学育儿与生殖健康讲座。小丽夫妇忙于生计,缺席了这次讲座,并认为没有必要定期做产前检查。小丽夫妇的这种情况,在外来务工人员中很常见。针对这些问题,小宋应做的工作是(　　)。(真题)

A. 向社区居民传播公共卫生保健知识

B. 提升外来务工人员生殖健康保健意识和能力

C. 尊重外来务工人员接受生殖健康教育的自决权

D. 实现外来务工人员平等享受医疗保健资源的权利

【答案】B

【单选题】某机构针对娱乐场所的女性开展"生殖健康服务月"活动,为她们进行了健康体检,发现很多人患有妇科病,还有一些人患有性病和艾滋病。针对这种情况,该机构的社会工作者可以采取的服务措施是(　　)。(真题)

A. 公布艾滋病和性病人员名单,切断感染源

B. 建议公安部门开展对娱乐场所的专项活动

C. 联系医务人员为她们做健康教育和咨询

D. 与患有性病、艾滋病的人个别交谈,提醒其自重

【答案】C

【单选题】社会工作者为协助做好社区的计划生育管理工作,与社区工作人员共同制订了一系列评估指标。下列指标中具有社会性别敏感性的是(　　)。(真题)

A. 辖区内育龄妇女计划生育知情选择的比例

B. 符合条件的育龄妇女采取长效节育措施的比例

C. 对辖区内新婚夫妇进行计划生育培训的次数

D. 对辖区内育龄妇女开展生殖健康培训的次数

【答案】C

五、推动妇女参政(熟悉)

项　目	内　容
推动妇女参政	(1)妇女参政包括民主参与和权力参与 (2)干预策略 ①建立更公平的、具有性别敏感性的政治参与机制 ②倡导保障妇女参政的立法 ③维护政策和法律的贯彻执行 ④微观层面推动基层妇女民主参与和权力参与

本考点2012年以后未考过,但是这部分的内容比较重要,也比较难,可能会结合妇女增能来考查。

六、针对妇女就业问题的干预（了解）

> 本考点2012年以后未考过，考生了解即可。

项　目	内　容
干预策略	(1)有针对性地进行技术培训，扩大就业岗位 (2)呼吁政策和法律加强对妇女报酬、职业健康和福利的保障 (3)针对流动妇女要强调包括性别在内的社会平等

七、改善妇女贫困状况的干预（熟悉）

> 考查年份：2012年，2017年。本考点考查不多，2012年和2017年均出了1道单选题。主要考查方向：改善妇女贫困状况的干预策略。

项　目	内　容
干预策略	(1)国家的政策支持，加大对贫困的政策和资金的支持 (2)妇联和民间组织用小额贷款和农村综合发展等形式缓解贫困

母题精选

【单选题】社会工作者小王来到贫困山村参加精准扶贫工作。小王发现，建档立卡的贫困户中，有一部分是妇女，她们大多50岁左右，文化程度低，也没有一技之长，小王计划链接资源帮助这些妇女脱贫。为达此目的，应采取的措施是(　　)。(真题)

A. 协助妇女姐妹树立脱贫信心

B. 与妇女姐妹一道分析贫困原因

C. 让妇女姐妹利用空闲时间学习技能

D. 邀请农技专家为妇女姐妹提供培训

【答案】D

八、维护妇女权益的干预（熟悉）

> 考查年份：2016年。本考点考查较少，2016年出了1道单选题。主要考查方向：维护妇女权益工作的干预策略。

项　目	内　容
干预策略	(1)向社会以及妇女宣传各种维护妇女权益的法律知识 (2)调查研究妇女权益状况，为健全和落实权益保障立法提供事实依据 (3)落实妇女权益，并研究妇女权益的落实状况 (4)倡导、督促健全维护妇女权益的机制

母题精选

【单选题】社会工作者小王定期组织企业女工学习有关女性工作权利的法律法规。在女工们学习的下列政策法规中，居于主体地位的是(　　)。(真题)

A.《中华人民共和国劳动法》　　B.《中华人民共和国妇女权益保障法》

C.《中华人民共和国宪法》　　D.《中华人民共和国慈善法》

【答案】B

九、推进性别平等的工作（掌握）

> 考查年份：2012年，2014年，2016年，2018年。属于常考点，通常会出1道单选题或多选题。主要考查方向：社会性别的含义。

项　目	内　容
社会性别的含义	(1)社会性别是在特定社会中形成的对有关男性和女性的群体特征、角色、活动及责任等的观念 (2)社会性别是后天构建而成的

续上表

项　目	内　容
推动社会性别分析和决策主流化的内容	(1)强化性别意识、注重性别分析、维护性别公正、推动平等基础上的性别发展目标 (2)采用提供性别意识训练、向政府宣传社会性别观点的策略,使社会性别意识贯彻到社会公共政策之中

母题精选

【单选题】某中学在招生广告中明确提出:“从我校毕业的学生,男生是绅士,女生是淑女”,该校的培养目标反映了(　　)。(真题)

A. 男女两性的发展特点

B. 男女两性的自我选择

C. 社会对男女两性的刻板要求

D. 社会发展对两性的要求

【答案】 C

第三节　妇女社会工作的主要方法

一、性别分析方法(重点掌握)

考查年份:2012～2013年,2017～2019年。属于常考点,通常会出1道单选题。主要考查方向:性别需求分析。

项　目	内　容
妇女的角色	生育角色、生产角色、社区管理角色
性别需求分析	(1)实用性社会性别需求 ①含义:妇女就其社会承认的角色而确定的需求,满足这类需求不会挑战传统的性别角色和分工模式 ②内容:改善用水条件、就业、建卫生厕所、沼气池、学习育儿经验等 (2)战略性社会性别需求 ①含义:挑战和改变妇女从属地位而产生的需要,满足这类需求可以使妇女获得更多的权利,改变其社会分工与角色,挑战妇女的从属地位 ②内容:获取发言权、妇女集体组织起来行动、参与和管理社区事务、享受更高教育

母题精选

【单选题】某妇女发展中心为帮助贫困山区妇女脱贫,协助她们成立了合作社,一起销售农副产品,并为她们提供电子商务培训。上述工作(　　)。(真题)

A. 满足了妇女的实用性社会性别需求

B. 满足了妇女的战略性社会性别需求

C. 既没满足妇女的实用性社会性别需求,也没满足妇女的战略性社会性别需求

D. 既满足了妇女的实用性社会性别需求,也满足了妇女的战略性社会性别需求

【答案】 D

二、妇女增能的方法(重点掌握)

考查年份：2012～2013年，2015～2019年。基本属于必考点，一般会出1道单选题或者1道多选题。主要考查方向：妇女增能的方法和戏剧编排法。

项　目	内　容
妇女增能的含义	妇女增能是让妇女学会掌握生活空间，发掘潜力提升动力，包括自我意识察觉(个人层次)、互助合作开拓资源与机会(人际层次)、摆脱或者改变受压迫的环境(环境层次)
妇女增能的目标	(1)意识提升 (2)增强能力、发展技能 (3)参与并扩展对家庭、社区、社会方面的支配和决策，提升此种能力 (4)采取行动获得两性平等
妇女增能的方法	(1)意识觉醒(阅读、小组讨论、经验分享、观看影片) (2)鼓励和肯定妇女以提升其自我价值感 (3)工作过程透明化 (4)权力分析 (5)倡导政策改变
戏剧编排法	(1)故事来源于妇女的生活 (2)妇女参与创作编剧是一个意识提升和觉醒的过程 (3)排戏过程是一个不断增加自信和能力建设的过程 (4)排戏过程有机会让社区认识妇女和思考戏剧反映的问题

母题精选

【单选题】为了改善当地单亲贫困母亲的生活，社会工作者小李带领她们成立了传统手工制作互助组。在互助组中，为了实现对单亲贫困母亲的增能目标，小李应采取的做法是(　　)。(真题)

A. 扮演协作者角色，对互助组进行组织和管理

B. 组织组员分析市场需求，集体商定做何种手工产品

C. 进行市场调研，根据市场需求决定做何种手工产品

D. 扮演治疗者角色，帮助组员分析自己对贫困生活应承担的责任

【答案】B

【单选题】社会工作者小赵在社区走访时发现，本社区有些下岗女工面对多种问题，如贫困、再就业难、社会支持网络不足和缺乏自信等。据此，小赵决定以增能理论为基础开展小组工作。小赵首先通过主题讨论、经验分享、观看影片、小组活动等形式让下岗女工了解她们弱势社会地位形成的原因。小赵的这种干预方法是(　　)。(真题)

A. 政策倡导　　B. 透明化　　C. 权力分析　　D. 意识觉醒

【答案】D

【多选题】为改变社区居民重男轻女的传统观念，社会工作者小彬运用增能的方法，组织社区居民排练以“男女平等”为主题的戏剧，准备在社区进行演出。小彬适宜的做法有(　　)。(真题)

A. 将主题确定为“妈妈与女儿的故事”

B. 请社区居民骨干到社区搜集与主题相关的故事

C. 请民众戏剧的专家为社区居民骨干进行相关培训

D. 与社区居民一起将搜集的故事编成剧本

E. 为居民进行角色分配并计划排练时间

【答案】 BD

三、性别视角的妇女社会工作方法(重点掌握)

考查年份：2012 年，2014 年，2017～2019 年。属于常考点，一般会出 1 道单选题或者 1 道多选题。主要考查方向：性别视角的妇女社会工作方法。

项　目	内　容
性别视角的妇女社会工作方法	(1)建立平等的协作关系(信任、真诚、平等) (2)协助妇女重新界定问题，提升意识(减少自责，分析问题的成因，协助重新认识女性以及女性承担的角色，寻找问题中个人能力与资源、环境等之间的关系及原因，协助认清个人无力感的原因及形成过程) (3)挖掘自身潜能，连接周围资源，解决面对问题 (4)协助相同处境的妇女建立支持小组 ①建立小组要兼顾妇女的两种需求(实用性性别需求和战略性性别需求) ②小组活动的时间和场地要根据妇女情况而定 ③社会工作者和妇女的平等关系

母题精选

【单选题】吴女士离异多年未再婚，与女儿一起生活，前夫再婚后，很少与吴女士母女联系。去年吴女士下岗，生活拮据，上初三的女儿越来越不听话，有时还逃课，吴女士经常被老师叫去谈话，说她对女儿的管教不严。吴女士母女为此经常争吵，母女关系紧张。吴女士觉得自己没本事，单亲的状况也不能给孩子好的生活，很无助。于是求助社会工作者小王，小王决定运用性别视角的社会工作方法为吴女士提供协助，正确的做法是(　　)。(真题)

A. 激发其潜能，独立解决问题

B. 帮助其反思自己的性格及行为问题

C. 建议其与前夫联系，让前夫多与女儿交流

D. 建议其尽快结束单身状态，组建新的家庭

【答案】 A

四、宣传教育、倡导和多部门合作(熟悉)

考查年份：2015 年，2019 年。本考点考查较少，2015 年出了 1 道多选题，2019 年出了 1 道单选题。主要考查方向：宣传教育和倡导的内容。

方　法	内　容
宣传和教育	政策宣传、节假日宣传、突发事件宣传、利用培训机会宣传
倡导	(1)微观上，倡导是为了满足服务对象的需求 (2)宏观上，采取游说、政策建议和运用传媒等方式进行政策建议

续上表

项　目	内　容
多部门合作	整合多领域的智力和资源(政府部门、社会组织、媒体及妇女活动者等),采取多样的干预策略

母题精选

【单选题】某社会工作服务机构针对“全面二孩政策”对女性就业的影响进行了深入调研,向政府相关部门提出优化女性就业环境的政策建议。该机构上述工作采用了妇女社会工作中的(　　)方法。(真题)

A. 宣传　　B. 教育　　C. 监测　　D. 倡导

【答案】 D

章节练习

用手机微信扫描【章节练习】旁的二维码或用电脑浏览器打开 https://shegong.ek100.cn/即可进入智能题库进行章节练习。

第六章　残疾人社会工作

• 本章应试分析

本章主要介绍了残疾人社会工作的相关内容。在历年考试中，本章涉及分值在 6 分左右，近几年考试分值有所提高，均为 7 分，题型题量为 5 道单选题，1 道多选题

本章在考试时，考点相对比较集中，难度较低，考生需要重点把握历年常考的考点。

• 思维导图

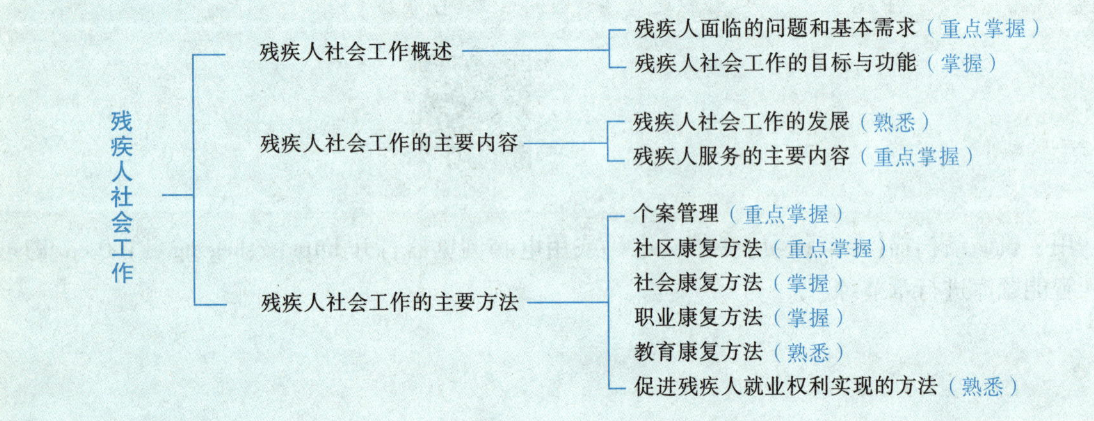

• 名师同步精讲

第一节　残疾人社会工作概述

一、残疾人面临的问题和基本需求（重点掌握）

项　目	内　容
残疾人面临的问题	（1）物质层面的困难（经济困难、住房困难、医疗困难） （2）精神层面的困难（心理上的压力感） （3）社会交往的困难（社会参与机会少、婚姻恋爱困难）
残疾人的权利和基本需求	（1）康复权（前提条件） （2）教育权 （3）劳动权 （4）文化生活权 （5）社会福利权 （6）环境友好权（物理环境无障碍、信息交流环境无障碍、公共服务无障碍、政治参与无障碍）

名师指导

考查年份：2013 年，2015～2019 年。基本属于必考点，一般会出 1 道单选题，2013 年考查的较多，出了 2 道单选题和 1 道多选题。通常是给出一个案例，问案例中体现了残疾人的哪项需求。主要考查方向：残疾人的需求。

母题精选

【单选题】盲人老钱带导盲犬上公交车，遭到部分乘客的反对，这一事件说明，应进一步倡导社会大众尊重并保障残疾人的(　　)。(真题)

A. 社区康复权　　B. 社会福利权

C. 文化生活权　　D. 环境友好权

微信扫描

【答案】D

二、残疾人社会工作的目标与功能(掌握)

项　目	内　容
目标	(1)尊重残疾人的公民权利 (2)促进残疾人平等的社会参与 (3)实现残疾人体面工作和尊严生活 (4)推动残疾人树立"自尊、自信、自强、自立"观念 (5)全面提升素质，为社会做出重大贡献 (6)达成"共建、共享、共融"的具有亲和力的文化 (7)提升人类整体的生活质量
功能	(1)微观层面：①提供物质帮助；②提供能力建设的支持服务 (2)中观层面：①残疾人组织和为残疾人服务的社会组织的培育；②发展社会支持系统 (3)宏观层面：①推动政策变迁；②增加社会资本，形成具有亲和力的残疾人文化

考查年份：2012 年，2016～2017 年。属于常考点，2012 年出了 1 道多选题，2016 年和 2017 年均出了 1 道单选题。主要考查方向：残疾人社会工作的功能。

学习本考点时要注意区分 3 个层面下的具体内容，考试时可能会针对题中要求的层面选择相应的选项。

母题精选

【单选题】老刘一家三口，平时生活比较拮据，主要靠老刘的工资收入过日子。最近，老刘因车祸失去了左腿，无法正常工作，家庭陷入困境，老刘整天待在家里，觉得自己无用，情绪低落。针对老刘的情况，社会工作者首先应为其提供的服务是(　　)。(真题)

A. 协助其申请低保　　B. 促进其社会交往

C. 促进其身体康复　　D. 减轻其心理压力

微信扫描

【答案】D

【单选题】小赵是负责社区残疾人事务的社会工作者，经过需求评估后发现，社区的一些残疾人在家庭日常生活、出行等方面存在诸多不便，缺乏关爱和照顾。小赵拟从中观层面介入，适宜的做法是(　　)。(真题)

A. 推动城乡基本医疗公共服务均衡发展

B. 完善残疾人社会保障体系

C. 提升残疾人适应社会环境的能力

D. 发展残疾人社区支持系统

微信扫描

【答案】D

第二节 残疾人社会工作的主要内容

一、残疾人社会工作的发展（熟悉）

项 目	内 容
残疾人社会工作的发展	残疾人社会工作正朝着专业化和职业化方向发展，并从医疗治疗模式向社会康复模式发展 (1)理论发展 ①致残原因的理论分析，从个人责任转向社会责任 ②残疾现象的理论分析，从社会标签理论转向社会照顾理论 (2)工作方法的发展 ①社会工作理念上，由供养理论向回归社会理论转变 ②直接介入模式上，由单一个案向综合服务模式转变

考查年份：2016年，2018年。本考点考查较少，但考生依旧要认真理解。2016年和2018年各出了1道单选题。主要考查方向：残疾人社会发展中理论和工作方法的发展。

母题精选

【单选题】社会工作者小刘在与残疾人老王交谈中了解到，老王一直自责自己工作时不小心导致伤残。小刘了解事情经过后，作出以下分析：事故的发生不仅与老王个人工作时操作失误有关，也与老王工作单位的安全教育和安全管理缺失有关。小刘的分析依据的是(　　)的观点。（真题）

A. 社会化理论　　B. 社会标签理论　　C. 社会责任论　　D. 市场责任论

【答案】C

二、残疾人服务的主要内容（重点掌握）

项 目	内 容
教育康复	(1)针对残疾人群体的教育康复：人与环境互动教育、提供差异化的补偿性功能训练 (2)针对残疾人父母、监护人或亲属等：提供心理支持；普及残疾人照顾知识，提升照顾者康复技巧；帮助构建社区型社会支持系统 (3)针对社会组织、残疾人组织和爱心人士：通过宣传、培养和教育，提升专业知识技能
职业康复	职业康复的流程 (1)职业咨询（第一环节）：对残疾人进行综合分析并给出解决方案 (2)职业评估（第二环节）：评定残疾人的工作能力和职业适应性，为职业生涯规划提供依据 (3)职业培训：就业前和上岗前提供有针对性的培训 (4)就业指导：根据实际情况，提供劳动市场、就业方向等信息，给出具体指导意见和建议；提供跟踪性指导

考查年份：2012年，2014～2017年，2019年。基本属于必考点，一般会出1道单选题，偶尔还会出1道多选题。学习本考点的内容时，考生可以结合本章第三节相应的内容进行学习，有利于形成完整的知识体系。主要考查方向：①职业康复的流程；②社区康复的三级预防机制。

职业康复是残疾人融入社会的最有效途径，集合了“治疗—康复—发展”3种功能。

续上表

项 目	内 容
社区康复	(1)开展残疾的预防工作：建立三级预防机制 ①一级预防是防止致残性伤害和残疾的发生（实施免疫接种、围产期保健、预防性咨询、减少暴力、预防交通意外、加强公共场所安全、避免引发伤病的危险因素或危险源、指导健康的生活方式、提倡合理行为及精神卫生、安全防护照顾等） ②二级预防是预防伤害后出现残疾（残疾早期筛查、定期健康检查、控制危险因素、改变不良生活方式、预防并发症、早期医疗干预、早期康复治疗等） **③三级预防是防治残疾后出现残障（实施康复功能训练、假肢矫形器及辅助功能用品用具、康复咨询、支持性医疗及护理、必要的矫形替代性及补偿性手术等）** (2)开展康复的评定和建档工作 (3)开展具体的康复服务：整合社区的资源，通过各种康复性治疗，最大限度地恢复残疾人所丧失的功能

社区康复是集教育康复、职业康复、医疗康复于一体，实施"治疗—康复—服务"的整合性服务。

母题精选

【单选题】社会工作者小董为智障人士开展就业培训，并通过就业指导帮助他们找到适合的工作岗位。小董的上述工作属于(　　)范畴。(真题)

A. 教育康复　　B. 职业康复
C. 社区康复　　D. 社会康复

【答案】 B

【单选题】大伟因交通意外导致下肢瘫痪，外出需以轮椅代步。为使大伟重新融入社会，社会工作者小林采用职业康复的方法帮助他。小林实施职业康复服务的第一个环节应是(　　)。(真题)

A. 就业指导　　B. 职业培训　　C. 职业咨询　　D. 职业评估

【答案】 C

【多选题】建立三级预防体系是我国残疾人社区康复的重要工作。下列开展的残疾预防工作中，属于一级预防的有(　　)。(真题)

A. 残疾早期筛查　　B. 计划免疫接种　　C. 实施康复功能训练
D. 康复咨询　　E. 围产期保健

【答案】 BE

第三节　残疾人社会工作的主要方法

一、个案管理(重点掌握)

项 目	内 容
残疾人需求评估的特殊性	(1)理解并评估残疾人及其家庭的内心感知（震惊→否认→沮丧、怀疑→焦虑、恐惧→愤怒、沮丧、无助、攻击性→接受） (2)消除社会对残疾人的误解

考查年份：2016～2019年。本考点近几年考查较多，一般会出1～2道单选题，0～1道多选题。主要考查方向：①建立专业关系的特殊性；②个案管理的特点。

续上表

项　目	内　容
建立专业关系的特殊性	(1)信任是专业关系的基础(社会工作者的能力;接纳、尊重残疾人表达同感) (2)专业关系的建立是一个过程
个案管理的特点	(1)是针对正处于多种问题且需要多种专业助人者服务的对象的协同服务 (2)服务对象会有一系列的需求,社会工作者要协调不同资源和专业服务,提供全面性服务 (3)提升残疾人获取和运用网络资源的能力,提升对社会环境的适应力
社会工作者在个案中的角色	(1)资源整合者 (2)价值倡导者 (3)服务咨询者
个案管理的步骤	建立关系→评估阶段(界定需要解决的问题和优先顺序,分析可用资源,探讨使用资源时存在的障碍,确定工作目标)→制订服务方案→获得整合性资源→整合实施→结束阶段

母题精选

【单选题】社会工作者小刘在为脑瘫儿童小强提供服务的过程中,整合了教育、护理、康复等不同专业的服务与资源,回应了小强的多重需要,增强了小强对社会环境的适应能力。小刘所运用的方法属于(　　)。(真题)

A. 社区康复　　B. 个案管理　　C. 教育康复　　D. 需求评估

微信扫描

【答案】B

【单选题】社会工作者小郑向督导者老张询问如何与残疾人建立专业关系。老张提供的下列建议中,符合与残疾人建立专业关系指导原则的是(　　)。(真题)

A. 同情残疾人的处境　　B. 避免当面谈论残疾问题

C. 为残疾人提供建议　　D. 设身处地理解残疾人的感受

微信扫描

【答案】D

二、社区康复方法(重点掌握)

考查年份:2012～2018年。基本属于必考点,一般至少会出1道单选题或者1道多选题。主要考查方向:社区康复方法的主要原则。

项　目	内　容
有利条件	(1)社区建设已成为我国社会主义建设事业的组成部分 (2)社区中有配置较为合理资源 (3)在社区中残疾人可以得到方便、及时的康复服务 (4)在社区中可以因地制宜地为残疾人提供各种康复服务
主要原则	(1)社会化原则(广泛动员社会力量,充分利用各种资源) (2)低成本、广覆盖原则 (3)因地制宜原则 (4)因陋就简原则

续上表

项 目	内 容
主要原则	(5)因势利导原则 (6)康复对象及其家庭积极参与原则
主要内容	(1)开展残疾的预防(三级预防) (2)开展康复评定 (3)开展全面康复服务

需要结合本章第二节中“社区康复”的内容进行学习。

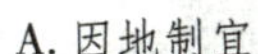

母题精选

【单选题】某乡的青壮年男性大多到附近煤矿打工,患尘肺病的人数较多。社会工作者了解到当地人正在练习的一套拳法特别有利于尘肺病人肺功能的改善,于是请当地人每天带领尘肺病人练习,取得了较好的效果。社会工作者此种做法遵循了社区康复工作中的(　　)原则。(真题)

A. 因地制宜　　B. 因势利导　　C. 因陋就简　　D. 低成本、广覆盖

【答案】 A

三、社会康复方法(掌握)

考查年份:2012～2014年。属于常考点,2012年和2013年均出了1道单选题,2014年出了1道多选题。主要考查方向:社会康复方法的主要措施。

项 目	内 容
主要内容	(1)协助康复医师正确地诊断、有效地治疗 (2)考虑残疾人康复后应有的基本医疗设施并进行转介服务 (3)家庭照顾方案的实施 (4)与有关机构合作开展项目 (5)提供专业的社会工作服务
主要措施	(1)协助政府机构制定相应的政策法规,保护残疾人的合法权益 (2)保障残疾人的生存权利 (3)为残疾人自身发展提供帮助,使其有接受教育和培训的机会 (4)消除物理性障碍 (5)消除社会歧视,创造良好的社会环境 (6)组织残疾人和健全人一起参加活动 (7)帮助残疾人经济自立 (8)鼓励残疾人参与社会政治生活

母题精选

【多选题】下列残疾人康复措施中,属于社会康复的有(　　)。(真题)

A. 营造非歧视性的经济生活环境

B. 营造残健和谐的社会生活环境

C. 营造残健平等的政治生活环境

D. 提供公平正义的生存权利保障

E. 提供特定职业的知识技能培训

【答案】 ABCD

四、职业康复方法(掌握)

项　目	内　容
职业康复方法	(1)职业咨询(第一个环节):考虑到残疾人就业的局限性,帮助残疾人解决职业中出现的问题 (2)职业评估(职业评定,第二个环节):评定残疾人的作业水平和适应职业的可能性,涉及身体、心理和职业适应性3个方面 (3)职业培训(第三个环节):就业前培训和上岗前培训;开发潜能、促进就业 (4)就业指导(第四个环节):就业指导的目的是帮助残疾人就业,促进其康复和个人发展

考查年份:2015～2017年,2019年。属于常考点,一般会出1道单选题。考生可以结合本章第二节中"职业康复"的内容进行学习。主要考查方向:职业康复方法的4个环节。

母题精选

【单选题】社会工作者小燕在前期需求评估中发现,社区内的部分残疾人有就业和融入社会的需求。为此,小燕拟采用职业康复方法满足其需求,她开展该项服务的步骤应是(　　)。(真题)

A. 评估—咨询—培训—就业指导　　B. 咨询—评估—培训—就业指导

C. 咨询—培训—评估—就业指导　　D. 评估—培训—咨询—就业指导

【答案】 B

五、教育康复方法(熟悉)

项　目	内　容
教育康复的对象	教育康复也称为特殊教育,其主要对象是机构中和城乡社区中的各类残疾人
教育康复的措施	(1)对残疾人:进行文化知识教育;劳动、职业技能训练 (2)对父母、亲属:纠正不正确认知,提供心理支持;矫正不当行为 (3)对组织、机构和其他残疾人社会工作者:不断学习,提升服务技能;普及康复知识

考查年份:2019年。本考点考查较少,2019年出了1道单选题。主要考查方向:教育康复的措施。

六、促进残疾人就业权利实现的方法(熟悉)

项　目	内　容
促进残疾人就业权利实现的方法	(1)残疾人就业的支持性资源:①政府部门;②企事业单位;③残疾人社会组织和其他社会组织;④社区各类志愿者服务 (2)残疾人就业场所:福利企业和庇护工场 以相对集中就业为主导,就业能力强的进入福利企业,弱的进入庇护工场

考查年份:2018年。2018年出了1道单选题和1道多选题。主要考查方向:促进残疾人就业权利实现的方法。

章节练习

用手机微信扫描【章节练习】旁的二维码或用电脑浏览器打开 https://shegong.ek100.cn/即可进入智能题库进行章节练习。

第七章　矫正社会工作

本章应试分析

本章主要介绍了矫正社会工作的相关内容。在历年考试中，本章涉及分值在6分左右，相较于以前年度，近两年的分值略有降低，通常会有3～4道单选题，1～2道多选题。

本章考试的考点相对比较固定，考生在学习时对历年常考的考点要多加掌握。

思维导图

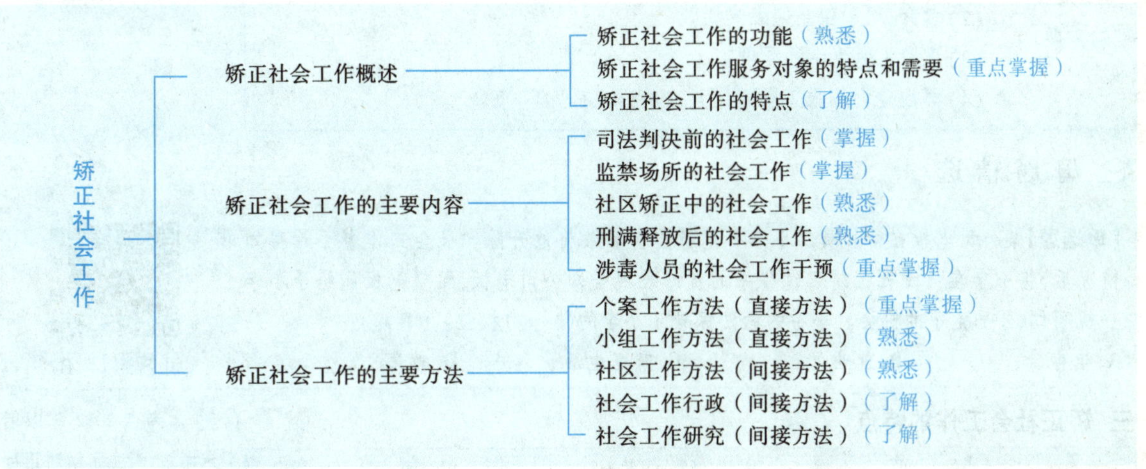

名师同步精讲

第一节　矫正社会工作概述

一、矫正社会工作的功能（熟悉）

项　目	内　容
矫正社会工作的功能	（1）针对违法犯罪人员：①监管功能；②矫正功能；③服务功能 （2）针对社会环境 ①营造有利于服务对象更新改造的家庭和社区环境 ②促进刑罚制度向人性化、科学化的方向发展

名师指导

考查年份：2017年，2019年。本考点考查较少，2017年和2019年出了1道单选题。主要考查方向：矫正社会工作的功能。

母题精选

【单选题】社会工作者为假释回到社区的顾某提供了就业、社会保障等政策咨询服务，并协助其申领了临时救助。社会工作者的上述做法体现了矫正社会工作者（　　）功能。（真题）

A. 监管　　B. 矫正　　C. 服务　　D. 改造

【答案】C

二、矫正社会工作服务对象的特点和需要(重点掌握)

考查年份:2012～2019年。属于必考点,每年会出1道单选题,偶尔还会出1道多选题。主要考查方向:矫正社会工作服务对象的需要。

项 目	内 容
服务对象的特点	(1)具有冲动好斗的人格特征 (2)具有自卑消沉的心理特征 (3)具有与社会严重脱节的社会特征 (4)具有困难重重的生活特征
服务对象的需要	(1)基本生存条件保障的需要(经济收入或低保救助、住房条件、医疗卫生) (2)教育、就业权益保障的需要 (3)正常家庭生活的需要 (4)再社会化的服务需要

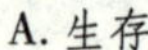 母题精选

【单选题】某公司老板在得知员工小李有犯罪前科后欲将他开除。社会工作者小希得知情况后,将小李在接受社区矫正过程中的良好表现告知公司老板,希望老板能给予小李一视同仁、公平竞争的机会。小希的做法保障了小李的(　　)权益。(真题)

A. 生存　　B. 就业　　C. 家庭生活　　D. 教育

【答案】B

三、矫正社会工作的特点(了解)

本考点2012年以后未考过,考生了解矫正社会工作的4个特点即可。

项 目	内 容
矫正社会工作的特点	(1)特殊性,为特定的社会困难群体提供服务 (2)复杂性,强制性监管与人性化服务交织相伴 (3)长期性,服务期限与刑罚执行期限基本一致 (4)专业性,法律专业与社会工作专业相结合

第二节　矫正社会工作的主要内容

一、司法判决前的社会工作(掌握)

考查年份:2014年,2017年,2019年。属于常考点,2014年和2017年均出了1道多选题,2019年出了1道单选题。主要考查方向:司法判决前的社会工作。

项 目	内 容
针对犯罪嫌疑人的工作	(1)工作职责:通过与犯罪嫌疑人及其家属和周边社区的接触了解,写出一份有关犯罪嫌疑人背景的调查报告,提交法庭做审判参考 (2)写调查报告需要接触的人员:犯罪嫌疑人及其家人、邻居、同学、同事、朋友、警察、受害人等 (3)判决前调查报告的内容:①犯罪事实;②犯罪前科;③犯罪嫌疑人生活史

续上表

项 目	内 容
针对犯罪嫌疑人亲属的工作	(1)为陷入经济困难的家庭寻找社会资源维持生计 (2)安置失去依靠的儿童少年,为其提供生活照料 (3)为产生心理困扰的家庭成员提供心理疏导服务

母题精选

【多选题】小王因涉嫌欺诈罪被起诉,社会工作者撰写了小王的社会调查报告并提交法院作审判参考。该调查报告陈述了小王的"犯罪"过程,呈现了小王以前的犯罪记录;描述了小王的家庭、教育和工作经历等状况;分析了小王的"犯罪"原因及其对自己行为的认识。上述社会调查报告包括了(   )等基本内容。(真题)

A. 审判建议　　B. 小王的前科

C. 小王犯罪事实的记录　　D. 小王生活史

E. 社会矫正的目标和任务

【答案】 BCD

【多选题】在某案件审理过程中,社会工作者受法院委托撰写犯罪嫌疑人背景的调查报告,以提交法庭作审判参考。为此,社会工作者需要访谈的对象包括(   )。(真题)

A. 家属　　B. 犯罪嫌疑人

C. 法官　　D. 社区工作人员

E. 公安部门工作人员

【答案】 ABDE

二、监禁场所的社会工作(掌握)

考查年份:2012~2013年,2019年。属于常考点,2012年出了1道多选题,2013年出了1道单选题和1道多选题,2019年出了1道单选题。主要考查方向:监禁场所社会工作的内容。

项 目	内 容
监禁场所的社会工作	(1)协助服务对象适应监禁场所生活:帮助熟悉监狱环境、协助戒除不健康的生活习惯、协助解决生活困难、预防服刑人员间犯罪观念和行为的交叉感染 (2)为服务对象提供专业咨询服务:公民教育;心理咨询、情绪疏导;职业技能训练;人际交往意识与能力提升 (3)帮助服务对象加强与社会的联系:了解社会的变化、加强与家庭的联系、构建支持性社会网络

母题精选

【多选题】下列工作中,属于监禁场所内矫正社会工作内容的有(   )。(真题)

A. 预防服务对象间犯罪观念的"交叉感染"

B. 协助服务对象戒除不健康的生活习惯

C. 协助服务对象适应监禁场所的生活

D. 协助服务对象制订作息制度及监督措施

E. 帮助服务对象加强与社会的联系

【答案】 ABCE

三、社区矫正中的社会工作(熟悉)

考查年份:2014 年,2017 年。本考点考查不多,2014 年和 2017 年均出了 1 道单选题。主要考查方向:①缓刑、假释、监外执行人员的监督管理;②社会服务计划的执行;③为社区服刑人员提供社会服务。

项　目	内　容
缓刑、假释、监外执行人员的监督管理	(1)保持良好品行、不得与品行不端者来往 (2)服从司法行政机关和社区矫正机构的命令 (3)接受矫正社会工作者的辅导 (4)及时汇报工作、生活和居住状况,不得随意离开居住地
院舍训练的组织管理(针对犯罪青少年)	中途家庭、寄养家庭、教养院、感化院
社会服务计划的执行	(1)社会服务计划的益处是通过从事公益劳动和服务,培养罪犯的劳动习惯和社会责任感,在服务过程中学会生产、生活技能以增强就业能力,在社会交往中学会处理人际关系的本领,以增强社会适应能力 (2)其作用是通过无偿的社区服务,使服刑人员的心理结构和行为方式发生正向的改变
为社区服刑人员提供社会服务	(1)促进就业 (2)帮助接受教育 (3)做好基本生活救助 (4)落实社会保险

母题精选

【单选题】社会工作者组织社区服刑人员成立了法律知识宣讲团,定期在社区内开展法律及禁毒知识宣传。社会工作者采用这种工作策略的目的是(　　)。(真题)

A. 让社区服刑人员参与维护社区治安　　B. 为社区服刑人员提供就业技能培训

C. 对社区服刑人员加强监督,严格管理　　D. 让社区服刑人员服务社区,进行自我教育

【答案】 D

四、刑满释放后的社会工作(熟悉)

考查年份:2012 ~ 2013 年。本考点考查较少,2012 年出了1 道单选题,2013 年出了 1 道多选题。主要考查方向:刑满释放后的社会工作。

项　目	内　容
刑满释放后的社会工作	(1)提供住宿场所 (2)提供就业、就学辅导(技能培训、介绍工作机会、联系学校) (3)提供生活辅导和医疗保健转介服务 (4)提供物质援助

母题精选

【多选题】矫正社会工作的主要内容包括(　　)的服务。(真题)

A. 司法判决前　　B. 监禁场所中

C. 社区矫正中　　D. 刑满释放后

E. 重返工作后

【答案】 ABCD

五、涉毒人员的社会工作干预(重点掌握)

考查年份:2014~2016年,2018~2019年。属于常考点,2014年出了2道单选题和1道多选题,2015年出了2道多选题,2016年出了2道单选题,2018年和2019年各出了1道单选题。主要考查方向:涉毒人员的社会工作干预。

项 目	内 容
为吸毒者提供戒毒治疗及康复服务	(1)掌握戒毒人员的个人背景资料,建立个人档案(建档) (2)定期或不定期地进行个案辅导或家访,防止复吸(家访) (3)与相关部门合作,为戒毒人员提供生活上的关心与帮助,帮助其解决困难和问题,创造良好的社会环境和条件(合作) (4)对戒毒人员进行职业技能培训(培训)
为社会大众提供预防性禁毒教育与宣传服务	(1)以小组活动或班会形式,向中小学生、家长、教师宣传教育,提高认识,预防青少年滥用毒品 (2)跟进学校和社区中滥用药物和毒品的青少年,提供个案服务和家庭辅导 (3)在社区开展禁毒宣传教育,增强社区居民的禁毒意识和群防群治能力 (4)发动、组织志愿者参与禁毒工作,为戒毒人员回归社区提供社区支持

母题精选

【单选题】戒毒康复人员大李回到社区后表现良好。近日,他因偶遇昔日毒友,没禁住诱惑,开始复吸,工作也因此丢了,大李为此感到很自责,觉得自己没救了,开始自怨自艾。社会工作者采用优势视角理论为大李提供服务,适宜的做法是(　　)。(真题)

A. 动员大李参与同伴志愿者队伍,在社区巡讲戒毒知识

B. 与大李讨论目前生活中的积极因素,增强其戒毒信心

C. 开展职业辅导,鼓励其自食其力

D. 与大李讨论毒品的危害,劝其尽快戒毒

【答案】 B

【单选题】大李戒毒成功后,经朋友介绍到一家公司给老板当司机。经过一段时间后,大李因工作强度大,不知不觉中又开始吸毒。在与社会工作者小林的一次会面中,大李告诉小林自己复吸的事,并表示如果老板和家人知道,不仅会丢掉工作,也会影响与家人的关系,请求小林为他保密。对此,小林合适的做法是(　　)。(真题)

A. 明确告知大李毒驾的严重后果,鼓励他积极戒毒

B. 遵守保密原则,协助大李保住这份工作,以维持与家人的关系

C. 遵循服务对象自决的原则,由大李自行决定是否辞职

D. 联系大李的家人,要求其加强对大李毒驾行为的监管

【答案】 A

【多选题】社区戒毒人员小方近期精神恍惚,常怀疑有人跟踪他,要杀他,为此买了把水果刀带在身边。禁毒社会工作者小朱经过专业评估,认为小方出现了幻觉,且可能伤害他人或自己。小朱联系小方的家人、社区精神科医生、社区禁毒专职人员等,共同协助小方应对危机。此时,依据社会工作的保密原则,小朱需要向上述人员提供的有关小方的信息应包括(　　)。(真题)

A. 使用毒品的种类　B. 成长经历　C. 幻觉内容

D. 微信账号　E. 性倾向

【答案】 AC

【单选题】服务对象小方曾因吸毒被强制隔离戒毒二年。从戒毒所出来后，小方回到社区，家人不愿接纳她，拒绝承认有她这个女儿。社会工作者小赵了解到，家人从小对小方期望过高，让她觉得透不过气来，吸毒是为了缓解压力，她自己也很讨厌这样的生活。针对小方的困境，小赵恰当的做法是(　　)。(真题)

A. 对小方进行健康教育，告知其吸毒的危害性

B. 采用想象厌恶疗法，让小方在犯瘾时惩罚自己

C. 协助小方把自己的感受和想法告诉家人，以获得谅解

D. 安排大学生志愿者与小方进行结对帮教

【答案】 C

第三节　矫正社会工作的主要方法

一、个案工作方法(直接方法)(重点掌握)

项　目	内　容
个案工作方法	(1)重视和善于与服务对象建立良好的专业关系 (2)有重点、分步骤地制订矫正工作计划 (3)着眼于服务对象的潜能发掘和自己解决问题，切忌包办代替 (4)妥善处理为服务对象保密的原则与维护社会安全的关系

考查年份：2012 年，2014～2018 年。基本属于必考点，一般会出 1 道单选题或者 1 道多选题。本考点考查时会以案例形式结合其他考点出题，比如会结合第一章中"接案"的内容，也可能会结合"针对涉毒人员的社会工作介入"的内容出题。主要考查方向：个案工作方法。

母题精选

【单选题】社区戒毒人员小王得知自己因吸毒感染了艾滋病毒后，沮丧绝望，精神几乎崩溃，把自己锁在家中，不愿见人。家人请社会工作者小林对小王进行个案辅导，此时，小林需要重点开展的服务是协助小王(　　)。(真题)

A. 处理负面情绪

B. 增强抵制毒品诱惑的能力

C. 建立良好的人际关系

D. 提高社会适应能力

【答案】 A

【单选题】24 岁的小伟假释期间接受社区矫正服务。社会工作者老孙评估后发现，小伟成长在单亲家庭，家庭经济情况比较差。小伟犯罪与他急于改善经济状况和交友不慎有很大关系。老孙运用个案管理方法为小伟提供服务，合适的做法应是(　　)。(真题)

A. 与小伟共同分析他的心理状况和改变动机

B. 鼓励小伟参加就业培训并替他介绍工作

C. 要求小伟参加公益劳动以矫正不良行为

D. 召集职业规划师和就业援助员共同讨论服务计划

【答案】 D

【单选题】张某因诈骗罪在监狱服刑 15 年，获假释出狱后在社区接受 3 年矫正服务。社会工作者小秦接受任务后，认真查阅张某的相关档案材料，做了充分准备。与张某第一次见面时，小秦以尊重、平等、接纳、关怀的价值理念与张某进行交谈。下列问话中最恰当的是(　　)。(真题)

A.“请您告诉我您的姓名、年龄和犯罪事实，好吗?”

B.“您了解社区的纪律和规定吗?”

C.“刚才我握您的手觉得很凉，您的身体有什么不舒服吗?”

D.“我看到您一个人很孤独，您的太太和孩子为什么离开您?”

微信扫描

【答案】 C

二、小组工作方法(直接方法)(熟悉)

属于 2015 年增加的知识点，暂时未考过，但考生要熟悉本考点的相关内容，以防今年出题考查。

项　目	内　容
小组工作方法(治疗性)	(1)针对服务对象带有共性的问题和困惑设计小组活动的主题 ①自卑、消沉、缺乏生活信心→建立健康自我观、重塑自信小组 ②矫正活动与学习、工作时间冲突→科学安排时间、妥善处理冲突小组 ③与不良团伙有联系、缺乏健康社会支持网络→交真朋友、走自新路小组 ④家庭环境不良、家庭成员缺乏沟通→改善家庭环境、加强沟通互动小组 ⑤就学、就业等现实困难→创业志、重塑自我、拥抱生活小组 ⑥缺乏社会责任心和成就感→“我为社会添砖瓦”“志当社会有用人”小组 (2)从服务对象的特点出发选择小组工作实施模式 (3)小组活动的时间安排宜与矫正工作的制度要求相结合 (4)善于从矫正对象中发现和培育小组领导

三、社区工作方法(间接方法)(熟悉)

考查年份：2016 年。本考点考查较少，2016 年出了 1 道多选题。主要考查方向：社区工作方法的 3 点内容。

项　目	内　容
社区工作方法	(1)进行综合治理，改善矫正对象的生活环境 (2)开展社区教育，培育社区居民接纳、尊重矫正对象的意识和习惯 (3)挖掘社区志愿力量，共同参与社区矫正工作

母题精选

【多选题】老张在单位工作了 6 年，表现一直很积极，同事关系也不错。近期，单位领导得知老张有吸毒史后，将其开除。在社会工作者小林的鼓励和陪伴下，老张前往领导办公室，争取工作的机会。领导却说：“我怎么知道你会不会复吸？谁能保证你不会带坏单位里的其他人?”面对此情况，小林决定综合运用社会工作的直接和间接方法，为老张开展服务。小林下列服务中，运用了间接方法的有(　　)。(真题)

A. 开展家庭辅导，争取老张的家人给予老张更多支持

B. 开展就业辅导，协助老张获得新的工作机会

C. 提供法律支持，协助老张争取自己应有的赔偿

D. 开展社区教育，使更多人接纳、尊重戒毒康复人员

E. 挖掘社区志愿力量，动员更多的企业家共同参与戒毒康复工作

微信扫描

【答案】 DE

四、社会工作行政（间接方法）（了解）

本考点 2012 年以后未考过，考生了解即可。

项　目	内　容
社会工作行政	（1）宏观上，与政府的社区矫正政策相联系，把政策变成服务，同时服务经验也将影响政策法规的修订 （2）微观上，与机构相联系，加强机构内部管理，提高矫正效果

五、社会工作研究（间接方法）（了解）

本考点 2012 年以后未考过，考生了解即可。

项　目	内　容
社会工作研究	（1）是获取知识和发现事实的过程 （2）使用社会研究方法，收集和分析相关资料，协助实现社会工作目标

章节练习

章节练习　微信扫描

用手机微信扫描【章节练习】旁的二维码或用电脑浏览器打开 https://shegong.ek100.cn/即可进入智能题库进行章节练习。

第八章　优抚安置社会工作

• 本章应试分析

本章主要介绍了优抚安置社会工作的相关内容。在历年考试中,本章涉及分值在 7 分左右,分值比较稳定,通常会有 3 ~4 道单选题,2 道多选题

本章的考题的难度较低,可以结合老年、社区和医务社会工作进行学习。

• 思维导图

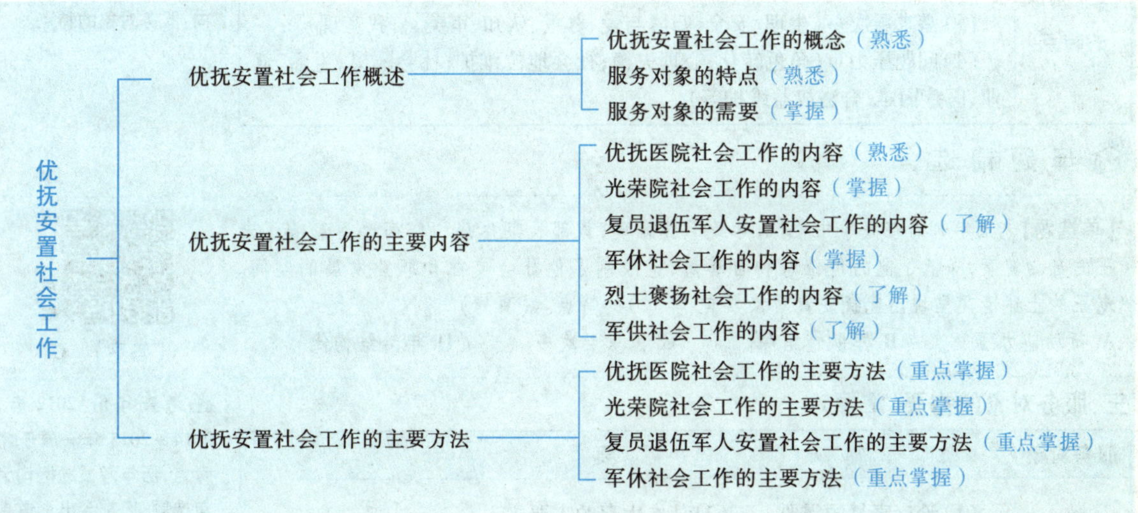

• 名师同步精讲

第一节　优抚安置社会工作概述

一、优抚安置社会工作的概念(熟悉)

项　目	内　容
优抚安置工作的界定	(1)优待:对现役军人、退伍军人及其家属等发放优待金,以及在医疗、交通、教育、住房等方面给予优待 (2)抚恤:对因公伤残军人、因公死亡以及病故军人家属等的精神抚慰和物质照顾待遇,包括死亡抚恤和残疾抚恤 (3)安置:对退役军人、军休干部等的扶持、帮助或就业安排,包括政治待遇和生活待遇
优抚安置社会工作的分类	(1)优抚医院社会工作 (2)光荣院社会工作 (3)复员退伍军人安置社会工作

名师指导

考查年份:2012 年,2016 年。本考点考查不多,2012 年出了 1 道单选题,2016 年出了 1 道多选题。主要考查方向:优抚安置社会工作的分类。

续上表

项　目	内　容
优抚安置社会工作的分类	(4)军休社会工作 (5)烈士褒扬社会工作 (6)军供社会工作

二、服务对象的特点(熟悉)

考查年份:2018～2019年。本考点考查较少,2018年出了1道多选题,2019年出了1道单选题。主要考查了方向:服务对象的特点。

项　目	内　容
服务对象的特点	(1)覆盖范围广 (2)军队情结深 (3)需求层次多(生理、安全、归属与爱、尊重、认知、审美、自我实现) (4)问题压力重(角色转化;心理失衡;社会地位维护;社会隔离;生活、就业、医疗困难;合法权益维护等)

母题精选

【单选题】老王年轻时在战争中负伤,导致下肢瘫痪,背部长期疼痛。伤病严重影响了老王的身心健康,降低了他的价值感和自尊感,也限制了他社会交往和职业发展的空间。老王的上述情况呈现出优抚安置对象具有(　　)的特点。(真题)

A. 行动能力强　　B. 军队情结深　　C. 需求层次多　　D. 年龄结构优

【答案】C

三、服务对象的需要(掌握)

考查年份:2012年,2014～2015年。属于常考点,历年考试题型均为单选题,通常会出1道单选题,2015年出了2道单选题。考生在学习时需要注意区分服务对象的需要。主要考查方向:各类服务对象的需要。

服务对象	需　要
优抚医院服务对象	(1)治疗康复的需要　(2)基本生存的需要 (3)家庭生活的需要　(4)社会交往的需要 (5)社会尊重的需要
光荣院服务对象	(1)婚姻家庭的需要　(2)健康维护的需要 (3)社会参与的需要　(4)社会尊重的需要
复员退伍军人	(1)就业权益保障 (2)社会再适应的心理调适
军休所的服务对象	(1)军队情结的需要　(2)社会尊重的需要 (3)健康维护的需要　(4)多元养老的需要 (5)社会参与的需要

母题精选

【单选题】复员军人老刘突发心脏病住进某优抚医院,几个疗程后,已痊愈的老刘不肯出院。社会工作者经调查了解到,老刘孤身一人,年老体弱,腿脚不便,出不了门。此时,社会工作者首要的任务是协助老刘满足其(　　)的需要。(真题)

A. 治疗康复　　B. 基本生存　　C. 家庭生活　　D. 社会交往

【答案】D

【名师点拨】这一题有很多考生会错选为A选项，因为我们大多时候都会强调要优先保护服务对象的生命安全。我们可以分析一下案例，题目中说老刘已经痊愈了，所以“治疗康复”不是主要问题。老刘目前面对的主要问题是“不肯出院……孤身一人，年老体弱，腿脚不便，出不了门”。老刘属于独居老人(孤身一人)，又出门不便，会感觉非常孤独。他不愿意出院不是因为身体不好，而是因为他在医院可以接触到很多人，他有很强烈的社会交往需求。所以正确答案为D选项。考生在做这一类的题目时，也可以联系前文所学的老年人的社会工作相关内容。

【单选题】义务兵小潘2013年6月退役，当年10月在工商行政管理部门首次登记成立了个体餐饮公司。社会工作者老王获悉后，积极了解相关政策，主动协助小潘免费参加政府职能部门举办的企业管理培训，免交餐饮公司管理类的行政事业收费。老王所做的工作实现了社会工作(　　)的目标。(真题)

A. 治疗　　B. 救助　　C. 预防　　D. 权利保障

【答案】 D

第二节　优抚安置社会工作的主要内容

一、优抚医院社会工作的内容(熟悉)

项　目	内　容
主要内容	(1)协助处置服务对象及其家庭的问题(心理和情绪疏导、处理不良家庭关系、增进服务对象与医护人员的沟通、紧急突发状况的介入等) (2)协助增强服务对象对医院环境的适应(解释医院规定、充分利用医院设备和医疗服务) (3)协助处理服务对象与医疗系统的关系(提供医疗资讯、疏导医疗纠纷、协助专业人士提供全面性诊疗、个案处理与转介等) (4)出院及跟进服务(制订离院计划、离院前的适应、教导家庭照顾服务对象、跟进及检讨方案、利用社会资源服务) (5)其他方面
特别内容	(1)复员军人慢性病(协助形成良好的生活方式、协助融入社会、社会资源的利用) (2)荣誉军人康复(发挥潜能、克服障碍、社会适应) (3)复员退伍军人精神病院

考查年份：2012年，2019年。本考点考查较少，2012年出了1道单选题，2019年出了1道多选题。主要考查方向：优抚医院社会工作的内容。

母题精选

【多选题】小申今年28岁，服役期间因公致一级伤残，入住荣誉军人康复医院后，家人未曾探视。不久，小申情绪低落，拒绝康复治疗。社会工作者老张查房时，意外发现小申枕头下藏有大量安眠药。此时，老张应采取的介入行动包括(　　)。(真题)

A. 家庭探访　　B. 悲伤辅导

C. 危机干预　　D. 安置服务

E. 尊重自决

【答案】 AC

二、光荣院社会工作的内容(掌握)

项 目	内 容
主要内容	(1)入住前的评估和准备工作 (2)适应环境,发展良好的人际关系 (3)个案辅导,帮助其重塑自我、找回生命的意义 (4)策划活动,增进服务对象之间的交流和互助 (5)提高自我管理和自我服务的能力,发挥个人潜能 (6)鼓励参与院舍活动 (7)整合社区、社会资源 (8)正确看待死亡 (9)推动志愿服务并对其进行督导 (10)促进光荣院专业服务的发展,提高专业服务的质量 (11)影响社会及环境的决策 (12)吸收社会老人的光荣院要做好优抚对象与社会老人的融合
特别内容	(1)疏于照顾问题(丧失基本日常活动的选择权、隔离、贴标签) (2)药物滥用与药物依赖问题的预防与解决 (3)性与亲密关系的处理

考查年份:2013～2014年,2018年。属于常考点,一般会出1道单选题或者1道多选题。主要考查方向:光荣院社会工作的主要内容和特别内容。

可以结合老年人社会工作进行学习,考试中可能会结合起来出题。

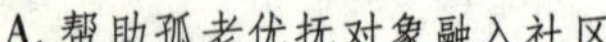

【单选题】某光荣院孤老优抚对象日益减少,因此院方决定,在保证为原有孤老优抚对象提供优质服务的前提下,为社区老人提供服务。"开门"办院的第一周,就有多名社会老人申请并入住。社会工作者小毛发现,光荣院的孤老优抚对象对社会老人有明显的抵触情绪。针对这种情况,小毛的工作重心应该是(　　)。(真题)

A. 帮助孤老优抚对象融入社区　　B. 引导孤老优抚对象接纳社会老人

C. 帮助社会老人接纳孤老优抚对象　　D. 协助社会老人适应光荣院的环境

【答案】B

【多选题】在优抚医院和光荣院中,有时会出现对服务对象的隐蔽性疏于照顾的现象。这种隐蔽性疏于照顾现象包括(　　)。(真题)

A. 隔离服务对象　　B. 剥夺服务对象的选择权

C. 给服务对象贴标签　　D. 过度照顾服务对象

E. 用语言攻击服务对象

【答案】ABC

三、复员退伍军人安置社会工作的内容(了解)

项 目	内 容
主要内容	(1)协助适应新生活和新工作 (2)充分利用和发掘社会支持网络 (3)加强沟通,推进安置格局的形成 (4)做好信访接待工作 (5)搭建信息咨询平台 (6)积极推进社会政策改良
特别内容	社会再适应

本考点考查较少,考生需要结合复员退伍军人的需要和复员退伍军人安置社会工作的主要方法进行学习。主要考查方向:复员退伍军人安置社会工作的内容。

四、军休社会工作的内容（掌握）

项 目	内 容
接收安置前	(1)收集、分析材料，预评估服务对象需求以及预诊断其问题 (2)协助了解相关政策
接收安置中	(1)做好交接中服务对象的思想工作，协调解决遗留问题 (2)审核档案，做好问题的发现、评估和诊断 (3)有针对性地开展个案辅导 (4)政策解答和心理疏导 (5)协调相关部门办理手续
接收安置后	(1)引导角色和思想的转变，适应新生活，发展新的人际关系 (2)维护军休干部的合法权益，实现规定范围内的利益最大化（老有所养） (3)策划、组织文体活动（老有所乐） (4)协助做好医疗保障工作（老有所医） (5)协助发挥自身优势，助其发挥余热（老有所教、老有所为） (6)协助开办老年大学，帮助服务对象学习新知识（老有所学） (7)协调整合社区资源，推进社区建设 (8)临终关怀 (9)提高服务人员的服务质量，并帮助其疏导情绪、缓解压力 (10)推动、完善志愿服务 (11)促进政策改良

考查年份：2012 年，2014～2015 年。属于常考点，一般会出 1～2 道单选题。本考点需要结合老年人机构照顾内容进行学习。主要考查方向：军休社会工作3 个阶段的内容。

母题精选

【单选题】为满足光荣院老年服务对象发挥余热的需求，社会工作者介绍他们担任中小学校外辅导员，参与学校和社区为青少年开展的爱国主义教育活动。社会工作者的上述做法帮助老年优抚对象实现了（　　）。（真题）

A. 老有所养　　B. 老有所为　　C. 老有所依　　D. 老有所医

【答案】B

【名师点拨】本题虽然是以光荣院老人为服务对象，但题目中考到的知识点是军休社会工作的主要内容，所以考试时各个知识点之间可能会混合出题，考生要学会灵活运用，不可死记硬背。

【单选题】五级伤残军人小李因担心将来医疗没有保障，对移交地方政府安置顾虑重重，迟迟不肯在移交协议书上签字。针对小李的情况，社会工作者最宜采取的介入策略是（　　）。（真题）

A. 挖掘小李个人生活潜能　　B. 尊重小李继续留在部队的意愿

C. 引导小李坦然接受安置现实　　D. 协助小李了解地方医疗保障政策

【答案】D

五、烈士褒扬社会工作的内容(了解)

本考点2012年以后未考过,考生了解即可。

项　目	内　容
主要内容	(1)加强阵地宣传,开展群体性的心理辅导 (2)策划宣传纪念活动 (3)协助收集烈士遗物史料 (4)疏解烈属与陵园的矛盾纠纷 (5)协助做好烈属及亲朋的悲伤辅导和心理疏导工作 (6)完善解说词,凸显宣传教育重点 (7)推动志愿服务并对其进行督导 (8)推动完善相关政策,并协助做好宣传解释

六、军供社会工作的内容(了解)

本考点2012年以后未考过,考生了解即可。

项　目	内　容
主要内容	(1)及时发现、预防、解决、转介过往部队和军供保障单位内部职工的问题 (2)动员社会力量,整合社会资源,完成好军供保障任务 (3)协调组建工作人员的支援网络,加强对工作人员的心理辅导及沟通,协助其缓解压力、疏导情绪和解决问题 (4)提供管理和发展方面的政策建议

第三节　优抚安置社会工作的主要方法

一、优抚医院社会工作的主要方法(重点掌握)

考查年份:2013年,2015～2018年。属于常考点,近几年每年都有考查,一般会出1道单选题或者1道多选题,考多选题的概率比较大。主要考查方向:危机干预的介入流程。

项　目	内　容
介入重点	危机干预。在任何时候,服务对象有伤人或者自伤的危险需要就医的,社会工作者应当本着生命第一的原则立刻联系急救或联系警方,确保服务对象的安全
介入策略(危机干预的介入流程)	(1)开展评估(生理—心理—社会因素;情感—认知—行为反应;能够获取的支持和资源;对自己、他人和社会的危害史) (2)建立关系 (3)聚焦问题(问题扫描、问题细节、优先问题) (4)稳定情绪(积极倾听的技巧) (5)制订方案(处理与危机有关的问题、降低危害;与服务对象一起探讨可行性方案,鼓励服务对象自决;限定目标) (6)实施计划(输入希望、提供支持、恢复自尊、培养自主能力) (7)后续跟进

学习时可以结合"社会工作综合能力"的个案进行学习。

结合"社会工作综合能力"科目中"危机介入的6项原则"进行学习。

母题精选

【单选题】小张在服役期间遭遇意外而截肢，情绪一直很低落。一天，小张用微信给父母发了告别的信息，说不想成为家人的累赘，服下私藏的安眠药陷入昏迷。光荣院的社会工作者老李联系医生前来抢救，并一直陪伴在小张身边。小张苏醒后大吵大闹，非常愤怒，试图再次结束生命，此时老李应首先采取的措施是（　　）。（真题）

A. 制订介入方案　　B. 与小张建立专业关系

C. 稳定小张的情绪　　D. 帮助小张恢复社会功能

【答案】C

【多选题】小龙在执行军事任务时遭遇意外致三级伤残，入住荣誉军人康复医院。住院期间，未婚妻解除婚约，家人也不常来探视。绝望的小龙产生了轻生念头，抗拒治疗。社会工作者老王对小龙进行了危机干预，其介入措施应包括（　　）。（真题）

A. 鼓励自决，让小龙决定介入目标

B. 输入希望，让小龙重燃对生活的渴望

C. 提供支持，联络小龙家人定期探视

D. 恢复自尊，协助小龙重塑自信

E. 培养自主能力，帮助小龙恢复社会功能

【答案】BCDE

二、光荣院社会工作的主要方法（重点掌握）

考查年份：2012～2014年，2016～2017年。考查次数较多，基本属于必考点，一般会出1～2道单选题。主要考查方向：光荣院社会工作的介入策略。

项　目	内　容
介入重点	直接面对死亡和濒临死亡。社会工作者作为“陪伴者”，协助服务对象实现自我整合、避免自我绝望，处理并接受人生中发生的所有事情，做好生命回顾和哀伤辅导，陪伴其走完人生的最后旅程
介入策略	（1）人生回顾 ①建立良好信任关系 ②回顾人生经历（引导珍惜现在生活、找到往事的意义、直面自己的局限、激活疏离的人际关系、扩展个人爱好和同情的圈子） ③制作人生回顾手册（积极倾听：邀请、聆听、回应） （2）哀伤辅导 ①临终前建立社会支持网络 ②离世后用理性情绪疗法开展情绪疏导（小组工作技巧：小组内分享逝者的故事和死亡时的情境、分享逝者照片和生命回顾手册、表达失去同伴的感受、学习放松方法和锻炼身体的方法、表达对死亡和来生的看法）

母题精选

【单选题】乐龄光荣院的老人们因李大爷突发心梗离世而陷入沉闷悲伤的氛围中，社会工作者小韩组织了李大爷的追思会，放映李大爷生前的照片，协助老人们表达失去同伴的感受及对死亡的看法。小韩为老人们提供的服务属于（　　）。（真题）

A. 危机干预　　B. 行为治疗　　C. 哀伤辅导　　D. 生命回顾

【答案】C

【单选题】光荣院的张大爷最近在聊天中经常对社会工作者小唐说:"人老了,没有用了,剩下的日子也没有什么价值和意义了。"针对张大爷的情况,小唐计划为张大爷提供帮助。下列选项中,小唐最能帮助张大爷的服务方法是(　　)。(真题)

A. 人生回顾　　B. 情绪辅导　　C. 危机干预　　D. 个案管理

【答案】 A

【多选题】对既往军旅生涯的不舍和留恋,对当下处境的不满和无奈,是部分军休干部的心理特征。社会工作者计划运用人生回顾方法来帮助这些军休干部,目的在于协助他们(　　)。(真题)

A. 寻找往事的意义　　B. 回避过往的局限

C. 忘却生活中不好的一面　　D. 构建当下生命的意义

E. 实现自身整合

【答案】 ADE

三、复员退伍军人安置社会工作的主要方法(重点掌握)

考查年份:2013 年,2015～2017 年,2019 年。属于常考点,一般会出 1 道单选题或者 1 道多选题。主要考查方向:复员退伍军人安置社会工作的介入策略。

(一)介入重点

项　目	内　容
介入重点	社会再适应

(二)介入策略

项　目	内　容
开展个案辅导	(1)具体过程 ①协助做好压力预防 ②协助服务对象缓解压力 ③协助构建社会支持网络 (2)介入方法 ①以尊重、关注和接纳的方式与服务对象进行沟通 ②安慰、鼓励服务对象,表达对服务对象的信心和肯定 ③疏导服务对象的情绪
开展小组工作	(1)初期:心态调适(建立认同感与拉近彼此关系:分享当前生活以及对复员退伍的看法;分享过来人的经验) (2)中期:环境探知(对个体和环境的了解:为组员进行职业生涯规划;介绍社会背景、就业环境以及退役军人安置的制度) (3)末期:职业准备(心理准备和知识技能:就业信息查询的途径、职业技能培训资源;邀请职业介绍师为组员介绍择业技巧;角色扮演完善职业准备;借助高科技新媒介加强同辈群体支持)

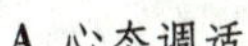

母题精选

【多选题】社会工作者小刘针对复员退伍军人自主创业的需求,运用小组工作方法开展工作。在小组中,小刘邀请组员分享各自的生活状况与感受,为组员介绍政府的创业扶持政策,带领组员进行个人职业性格分析,并为组员链接创业培训资源。小刘上述做法的目的在于,协助复原退伍军人做好(　　)。(真题)

A. 心态调适　　B. 环境探知　　C. 职业准备

D. 职业选择　　E. 职业认同

微信扫描

【答案】 ABC

【单选题】为协助新近复原退伍军人尽快找到新工作,适应新生活,社会工作者拟为其开展小组辅导。下列内容中,属于小组后期要做的工作是(　　)。(真题)

A. 让组员分享对复员退伍的看法　　B. 协助组员进行职业生涯规划

C. 为组员链接职业培训资源　　D. 为组员介绍当前军改政策背景

微信扫描

【答案】 C

【名师点拨】选项A,让组员分享对复员退伍的看法属于前期的工作;选项B,协助组员进行职业生涯规划属于中期的工作;选项C,为组员链接职业培训资源属于末期的工作;选项D,为组员介绍当前军改政策背景属于中期的工作。

【多选题】小梁高中毕业应征入伍,从部队复员后应聘多家单位,均因学历低、缺乏技能等原因被拒之门外。面对小梁这样的复员退伍军人,社会工作者宜提供的帮助有(　　)。(真题)

A. 协助他们做好职业生涯规划　　B. 积极深化复退安置顶层设计

C. 协助他们了解用人单位的具体需求　　D. 为他们做好心理调适和压力疏导工作

E. 协助他们免费参加劳动部门组织的职业技能培训

微信扫描

【答案】 ACDE

四、军休社会工作的主要方法(重点掌握)

考查年份:2013 年,2015～2019 年。基本属于必考点,近几年考查较多,一般会出 1 道单选题。本考点可以结合老年人机构照顾进行学习。主要考查方向:军休社会工作的介入重点和介入策略。

项　目	内　容
介入重点	认知和情绪问题的处理(识别非理性信念、重建理性认识、改变负面情绪、树立健康修养观、接受组织安排的现实、主动融入社区和社会) (1)干预的技巧:认知重构、放松训练、社交技能训练、问题解决技巧、系统脱敏、模仿和角色扮演 (2)语言运用的技巧:合作的语言、所有权的语言、可能性的语言、解决方法的语言、说明与澄清的语言
介入策略	(1)微观:推进军休老人与社会老人融合 ①引导服务对象识别非理性信念,疏导服务对象的情绪,提升自我认同,完成自我整合 ②协助服务对象尽快适应新生活,减少负面感受,发展新的人际关系,树立积极的心态 ③协助构建社会支持系统 (2)中观:推进军休社区与驻地社区融合 ①发挥服务对象的优势,发掘内在潜能,力所能及地参与社会、服务社会

续上表

项　目	内　容
介入策略	②借助社区服务网络体系，链接社会资源，推进服务对象享受地方惠民政策，享受经济发展和社会进步的成果 (3)宏观：推进军队保障与地方保障融合 ①推进军地管理体制“一体化”，促进建立起军地一体、上下联动、关系顺畅、责任明晰的管理体制 ②推进军地政策体系“一体化”，促进建立与市场经济相衔接、与国防建设相适应、与法律规范相协调、与优良传统相承接的军休干部安置管理工作政策法规体系 ③推进军地社会保障“一体化”，促进军休干部安置保障与国家社会保障接轨，实现军地社会保障“无缝衔接”

母题精选

【单选题】某社区负责优抚安置工作的社会工作者为了推进军休社区与驻地社区的融合，设计了一系列服务活动。下列活动中，符合上述服务目标，属于中观层面介入的方法是(　　)。(真题)

A. 实现军地社会保障“无缝衔接”　　B. 协助军休干部构建社会支持系统

C. 推进军地管理体制“一体化”建设　　D. 提升驻地社区对军休干部的社会认同

【答案】D

【单选题】吴老从部队回到地方后，非常怀念在部队时的生活，总是说：“我们老了，不中用了，部队也不要我们了。”社会工作者小张与吴老一起回忆其为部队所做的贡献，引导他重新看待自我价值。小张采用的干预技巧是(　　)。(真题)

A. 认知重构　　B. 角色扮演　　C. 问题解决　　D. 情绪管理

【答案】A

【单选题】军休干部老李由部队移交到地方军休所后，感到非常失落，觉得自己为部队奉献了大半辈子，到老了没有用了，被部队当作“包袱”扔到了地方。终日闷闷不乐的老李拒绝参加军休所组织的各种活动。社会工作者决定运用理性情绪疗法协助老李适应角色转换，其介入的关键是改变老李(　　)。(真题)

A. 社交退缩的非理性行为　　B.“老了无用”的消极态度

C. 心理失落带来的负面情绪　　D.“被部队抛弃”的非理性信念

【答案】D

章节练习

用手机微信扫描【章节练习】旁的二维码或用电脑浏览器打开 https://shegong.ek100.cn/即可进入智能题库进行章节练习。

第九章　社会救助社会工作

• 本章应试分析

本章主要介绍了社会救助和社会救助工作的相关内容。历年考试中,本章涉及分值波动较大,约为7分,通常有4~5道单选题,0~2道多选题

考生在学习时,对社会救助社会工作的8个内容要有重点的学习,对社会救助社会工作的方法在学习时要以评估和危机干预为主。

• 思维导图

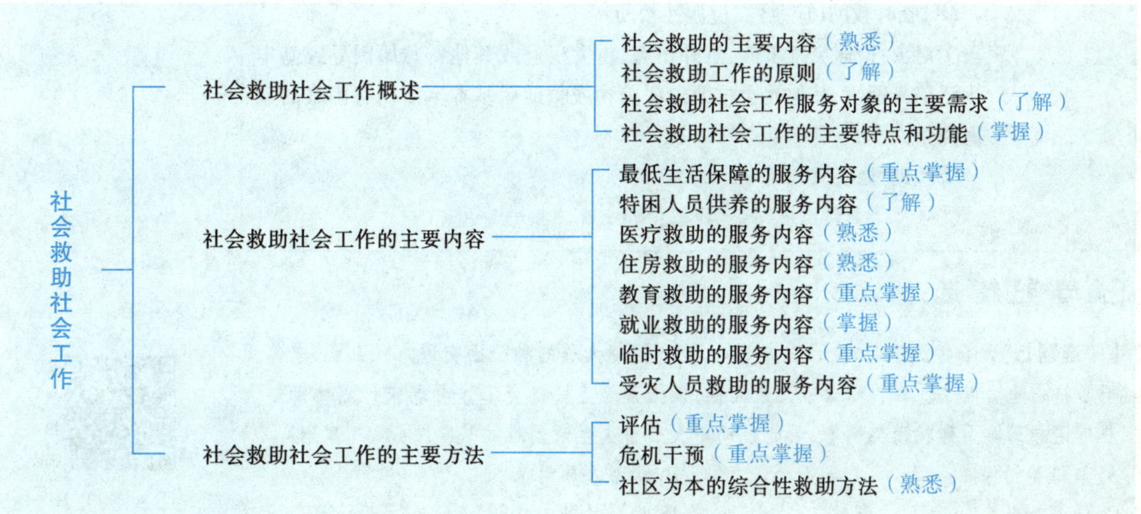

• 名师同步精讲

第一节　社会救助社会工作概述

一、社会救助的主要内容(熟悉)

项　目	内　容
社会救助的主要内容	(1)最低生活保障(收入补充型救助制度)。包括:城市低保、农村低保 (2)特困人员供养(农村五保户)。主要内容:提供基本生活条件、生活不能自理的给予照料、疾病治疗、办理丧葬 (3)受灾人员救助 (4)医疗救助。形式:新型农村合作医疗和城镇居民基本医疗保险、城乡困难家庭医疗费用补助

名师指导

考查年份:2012年,2015年。本考点考查不多,2012年和2015年均出了1道单选题。考查方向:社会救助的8项主要内容。

续上表

项 目	内 容
社会救助的主要内容	(5)教育救助。主要内容:减免相关费用;发放助学金;给予生活补助;安排勤工助学;给贫困学生发放学习用品、校服、提供免费午餐等 (6)住房救助。形式:配租公共租赁住房、发放住房租赁补贴、农村危房改造 (7)就业救助 ①对象:针对低保家庭中有劳动能力且处于失业状态的人 ②形式:贷款贴息、社会保险补贴、岗位补贴、培训补贴、费用减免、公益岗位安置 (8)临时救助(应急性、过渡性救助) ①对象:遭遇突发事件、意外伤害、重大疾病或其他特殊原因导致基本生活陷入困境,其他社会救助未覆盖到或救助后基本生活仍有困难的家庭和个人 ②救助方式:发放救助金、发放实物、提供转介服务 ③生活无着落的流浪、乞讨人员属于临时救助范畴

本考点虽然考查较少,但是本章第二节的内容是对本考点的延伸,考生需要全面理解和掌握本考点。学习时可以结合本章第二节“社会救助社会工作的主要内容”和“社会工作综合能力”科目里的“社会救助政策法规”进行学习。

母题精选

【单选题】赵大爷年近七旬,生活在农村。几年前,赵大爷的独子因交通意外身亡,老伴受不了打击也去世了。目前赵大爷无亲无故,以拾荒为生。社会工作者老宋计划协助赵大爷申请救助。下列救助类别中,最能帮助赵大爷解决生活困难的是(　　)。(真题)

A. 最低生活保障　　B. 特困人员供养

C. 就业救助　　D. 临时救助

【答案】B

二、社会救助工作的原则(了解)

本考点 2012 年以后未考过,考生了解即可。

项 目	内 容
原则	救急难、托底线、可持续

三、社会救助社会工作服务对象的主要需求(了解)

本考点 2012 年以后未考过,考生了解即可。

项 目	内 容
主要需求	(1)生理需求(最基本、最迫切的需求) (2)安全需求(人身安全、财产安全、健康保障) (3)社交需求(归属感与爱的需求) (4)尊重需求(自我尊重、社会环境的尊重和认可) (5)自我实现需求

学习时可以结合“社会工作综合能力”科目的“马斯洛需要层次论”进行学习。

四、社会救助社会工作的主要特点和功能(掌握)

项 目	内 容
主要特点	救助对象的多样性;救助类型的复杂性;工作过程的持续性;工作方法的融合性;工作依据的政策性
主要功能	(1)协助服务对象申请适合的救助项目 (2)协助服务对象提升反贫困的能力 (3)促进服务对象的社会融合与社会支持 (4)疏导和解决服务对象的心理困扰

考查年份:2013~2014年,2016~2017年。属于常考点,一般会出1道单选题或者多选题,偶尔也会出2道单选题。主要考查方向:社会救助社会工作的主要功能。

本考点的内容很重要,最低生活保障中的服务内容和社区为本的综合性救助方法都和本考点有重合,可以结合在一起学习。

母题精选

【单选题】在街道办事处和工商部门的支持下,某社会服务组织在临街的公共场地上搭建起一些小商品摊位,计划供社区贫困家庭低价租用。在向居民代表征集摊位租金意见时,大家看法不一。下列对贫困家庭进行救助的意见中,最符合社会工作理念的是(　　)。(真题)

A.“既然是贫困家庭,就把租金全免了”

B.“为申请到摊位的家庭提供创业培训”

C.“小买卖不挣钱,还不如让贫困家庭领低保”

D.“将公共场地进行商业出租,租金直接发给贫困家庭”

【答案】 B

第二节 社会救助社会工作的主要内容

一、最低生活保障的服务内容(重点掌握)

项 目	内 容
主要内容	(1)服务对象识别 ①是最低生活保障的目标瞄准机制,选择最需要或最贫困的人群作为救助服务对象 ②通过家庭经济状况调查的方式,了解困难群众的家庭经济状况,对照所在地区的最低生活保障标准进行选择 (2)帮助申请救助 ①帮助困难群众根据自己的实际情况,申请合适的救助项目 ②过程:判断是否具备申请条件→帮助服务对象提交书面申请及所需材料→协助服务对象接受有关部门的调查和评议 (3)提供心理支持 (4)调节家庭关系 (5)开展能力建设(学习能力、专业技能、社会能力) (6)促进社会融入(参与社区活动;鼓励承担责任与义务,增加其归属感和自信心;建立邻里互助小组)

考查年份:2014年,2016~2019年。属于常考点,一般会出1道单选题或者1道多选题。本考点虽然不是必考点,但是其内容与其他几项社会救助工作有很多是相通的,理解掌握了本考点的内容对后面的学习有很大的帮助。主要考查方向:最低生活保障服务的6项内容。

母题精选

【单选题】老范是低保救助对象。老范想依靠自己的努力，减少对低保救助的依赖。因要照顾卧病在床的妻子，他只能就近打些零工，与邻居几乎没有往来。社会工作者小陶协助老范与邻居结成帮扶伙伴，彼此互帮互助。小陶的这种做法属于救助社会工作中的(　　)服务。(真题)

A. 提供心理支持　　B. 开展能力建设

C. 调节家庭关系　　D. 促进社会融入

【答案】D

二、特困人员供养的服务内容(了解)

本考点2012年以后未考过，考生了解即可。

项　目	内　容
主要内容	(1)提供基本的生活条件 (2)提供日常生活照料 (3)提供疾病治疗 (4)办理丧葬事宜

三、医疗救助的服务内容(熟悉)

考查年份：2016年。本考点考查较少，考试时可能会与医务社会工作结合出题，2016年出了1道单选题。主要考查方向：医疗救助服务的4项内容。

项　目	内　容
主要内容	(1)协助申请救助(讲解救助政策、准备所需材料和申请救助、帮助获取救助) (2)改善救治环境(帮助服务对象了解诊疗程序、治疗过程和治疗效果；与医务人员沟通，寻找合适的治疗手段和方法) (3)协调医疗资源(连接医疗保险经办部门、连接医疗机构和民政部门、寻找当地和社区医院) (4)强化社会支持

母题精选

【单选题】医疗救助对象小王在医院做完关节置换手术后准备返回社区，此时社会工作者在服务中应做的工作是(　　)。(真题)

A. 代小王填写医疗救助申请的相关材料

B. 协助小王了解社区康复的资源

C. 动员社区志愿者共同帮助小王

D. 增强小王战胜疾病的信心

微信扫描

【答案】B

四、住房救助的服务内容(熟悉)

考查年份：2018年。2018年出了1道单选题。主要考查方向：住房救助的服务内容。

项　目	内　容
主要内容	(1)协助申请住房救助(需评估家庭收入、财产状况、住房状况) (2)宣传讲解政策

五、教育救助的服务内容（重点掌握）

考查年份：2012 年，2015～2018 年。基本属于必考点，近几年考查频次较高，一般会出 1 道单选题或多选题。主要考查方向：提供教育补助和心理能力建设。

项　目	内　容
主要内容	（1）提供教育机会 （2）提供教育补助 ①奖，学校设立奖学金支持家庭困难且学习成绩优秀的学生 ②贷，金融机构针对高校困难学生开展的各种助学贷款 ③助，政府通过学校发放助学金，学校设立勤工俭学岗位，学生可以通过工作获得一些收入 ④补，政府每年拨出一定的专款、高校从所收学费中提取一定比例的资金用于对困难学生的生活补助 ⑤减，针对不同专业和经济困难程度不同的学生减少或者免收学费 （3）心理能力建设（积极正向的心理支持、鼓励青少年参与社区和学校的社团活动、引导青少年使用优势视角看待自己的生活境遇）

母题精选

【多选题】贫困大学生是一个特殊的群体，家庭贫困可能给他们的心理、精神、就业、学业、人际交往都带来一些负面影响。为帮助贫困大学生减少因此带来的困扰，帮助他们更好地成长，某高校开展了以"让青春飞扬"为主题的系列活动。下列活动中，属于教育救助服务内容的有（　　）。（真题）

A. 设立"青春飞扬"励志奖学金　　B. 设置"助力青春"勤工俭学岗位

C. 开展"大展宏图"就业技能培训　　D. 建立"守护青春"贫困学生健康档案

E. 举办"我的优点我知道"的主题活动

【答案】ABE

【多选题】学校社会工作者小张正在为贫困大学生筹划并开展一系列活动，为其进行心理能力建设。下列活动内容中，恰当的有（　　）。（真题）

A. 为贫困学生提供勤工俭学岗位　　B. 安排贫困学生参与学校的社团活动

C. 鼓励贫困学生参与学校的演讲比赛　　D. 帮助贫困学生申请奖学金

E. 引导贫困学生发掘自身优势

微信扫描

【答案】CE

【单选题】某学校在贫困家庭学生的救助工作中，要求申请救助的学生在班上演讲说明其贫困状况，以同学投票的方式认定其受助资格。从社会工作专业角度看，这些做法违背了（　　）原则。（真题）

A. 自我决定　　B. 知情同意　　C. 尊重隐私　　D. 无条件接纳

【答案】C

六、就业救助的服务内容（掌握）

考查年份：2015 年，2018～2019 年。属于常考点，2015 年出了 1 道单选题，2018 年和 2019 年各出了 1 道多选题。主要考查方向：就业救助的服务内容。

项　目	内　容
主要内容	（1）转变就业观念 （2）自我认知调整（分析就业形势和自身的优势与不足，调整自己的认知和心态）

续上表

项　目	内　容
主要内容	(3)职业技能培训 (4)连接就业资源(寻找就业信息、协调就业资源、争取培训机会、向用人单位推荐、维护就业权益)

母题精选

【单选题】老李文化程度不高,又没有一技之长,享受了几年低保之后,想通过就业改变生活状况。社会工作者联系就业援助员向他推荐了几份工作,但老李觉得这些工作既苦又累,薪水又少,不愿接受。针对老李的情况,社会工作者首先要做的是(　　)。(真题)

A. 调整其自我认知　　B. 提升其自信心

C. 为其寻找其他就业信息　　D. 协助其参加技能培训

微信扫描

【答案】 A

七、临时救助的服务内容(重点掌握)

考查年份:2012 年,2014 ~ 2015 年,2017 ~ 2019 年。基本属于必考点,一般会出1 ~ 2道单选题。主要考查方向:临时救助社会工作的 3 项内容。

项　目	内　容
主要内容	(1)危机干预(确保服务对象的生命安全) (2)外展服务 ①街头救助:借助救助巡逻车和救助亭对街头流浪、乞讨人员进行救助 ②全天候救助:救助站 24 小时开放接待流浪、乞讨和其他急需救助的人员 (3)机构救助 ①机构救助包括基本生活安置以及行为思想引导与矫正 ②专业机构或社会工作者要告知街头流浪或乞讨人员如何向救助管理机构求助。若是残疾人、老年人、未成年人、行动不便等人员,需要引导、护送其到当地的救助机构;对于突发疾病人员,要立刻通知急救机构进行救治,确保生命安全

母题精选

【单选题】针对近期闹市区流浪乞讨人员增多的问题,救助站社会工作科将全市救助站的地址、电话等信息印成宣传单,有工作人员到闹市区发放给流浪乞讨人员,并为他们提供食物和饮品等物资。社会工作科的上述工作是(　　)。(真题)

A. 机构救助　　B. 外展服务　　C. 危机干预　　D. 社会援助

微信扫描

【答案】 B

【单选题】小李是某未成年人保护中心的社会工作者,在一次外展服务中,他发现叼着烟的小刚在街头流浪。小李在与小刚的交谈中获知,小刚今年 12 岁,在外流浪已有半年,经常饥一顿饱一顿,晚上就在地下通道过夜。小李在征得小刚同意后,将其护送至未成年人保护中心。小刚获得了基本的生活安置后,小李还可以在未成年人保护中心为其提供的服务是(　　)。

A. 增强小刚家庭的能力　　B. 纠正小刚的偏差行为

C. 修复小刚的社会支持系统　　D. 为小刚提供社会观护

微信扫描

【答案】 B

八、受灾人员救助的服务内容(重点掌握)

考查年份:2012～2014年,2016～2018年。基本属于必考点,一般会出1道单选题或者1道多选题,偶尔单选题和多选题会各出1道。主要考查方向:受灾人员救助的4项主要内容。

项　目	内　容
主要内容	(1)协助安置受灾人员 (2)及时开展危机干预(提供支持性的服务,疏导、安抚情绪) (3)修复社会支持系统(重建、修复社会关系,加强社会支持系统的力量) (4)社区重建与发展(开展社区人居环境重建、恢复社会生活秩序、复苏社区的经济秩序)

母题精选

【单选题】某村遭受泥石流灾害,部分房屋损毁,受灾的村民被安置到了邻县的几个村。面对陌生的社会环境,受灾村民不知从何处开展生产自救,感到非常无助。社会工作者在几个接受安置的村里开展了新老村民"互帮互助结对子"活动,由老村民向新村民传授当地的生产经验。此活动的目的是帮助受灾村民(　　)。(真题)

A. 重构社区生活秩序　　B. 重塑社区发展信心

C. 重建社区支持系统　　D. 恢复社区生活功能

微信扫描

【答案】C

【单选题】2015年,天津"8·12爆炸"事发突然,当地社会工作服务机构第一时间赶赴现场开展紧急救援,他们首先应该开展的工作是(　　)。(真题)

A. 及时开展危机干预　　B. 重建社区经济秩序

C. 恢复社区生活秩序　　D. 修复社会支持系统

微信扫描

【答案】A

【单选题】在某灾后临时安置区,公用厨房设施紧张,环境卫生需要人打扫,居民间常常出现一些矛盾。为此,社会工作者采用参与式社会工作的方法解决上述问题。下列做法中,最恰当的是(　　)。(真题)

A. 进行危机干预,开展职业培训　　B. 组织居民讨论,共商解决方案

C. 了解居民需求,完善公共设施　　D. 协助地方政府,监督重建工程

微信扫描

【答案】B

【多选题】某社会工作援助团队在地震两天后到达现场,应立即开展的工作有(　　)。(真题)

A. 协助确定需紧急转移的受灾人数

B. 协助转移受灾对象,搭建临时避难所

C. 配合治安保卫人员,维护社会生活秩序

D. 参与评估社区房屋,公共设施的重建需求

E. 征集受灾群众意见,向地方政府提出社区重建的建议

微信扫描

【答案】ABC

第三节　社会救助社会工作的主要方法

微信扫描

一、评估(重点掌握)

考查年份:2012年,2016～2019年。属于常考点,一般会出1道单选题或者1道多选题。2019年出了2道单选题和1道多选题。主要考查方向:①评估的特点;②获取信息的方法;③评估的重点。

项　目	内　容
评估的特点	(1)评估的连续性(持续关注和评估服务对象的需求,适时调整救助的内容和步骤,确保服务对象得到及时的帮助)

续上表

项目	内容
评估的特点	(2)救助对象的参与(确保发现的需求和问题的真实) (3)动态推进,全面了解 (4)合理利用知识和经验(社会工作者要加强专业知识,从专业的视角看出问题的本质;社会工作者每接触一个服务对象都要有意识地"倒空"自己,不能仅凭借个人的经验和常识来评估服务对象)
获取信息的方法	(1)直接询问(信息主要来源):与救助对象直接交谈、沟通 (2)家庭探访(有效的方法):观察救助对象生活情境和家庭成员间的互动交流;与家庭成员沟通了解其想法和感受 (3)间接了解:走访救助对象的朋友、亲人、邻居、老师、同学、同事等 (4)观察身体语言 (5)使用量表
评估的程序	(1)了解服务对象的现状及服务需求 (2)根据救助政策评估救助对象的申请资格 (3)评估社工所在机构和救助对象所在社区的资源
评估的重点	(1)服务对象关注什么、问题是什么 (2)相关的法律法规是什么 (3)服务对象的健康或者安全问题的迫切性如何 (4)问题产生的原因、时间、地点和过程 (5)问题对服务对象的影响及其自身反应 (6)服务对象及其家庭拥有的解决问题的方法、能力和资源

母题精选

【单选题】社会工作者小王具有贫困家庭评估工作的丰富经验。在对每一个新的服务对象进行评估时,小王都应坚持的正确做法是(　　)。(真题)

A. 仅靠自己的观察收集资料　　B. 凭借以往经验得出结论

C. 依据初始资料完成评估工作　　D. 搁置经验,"倒空"自己

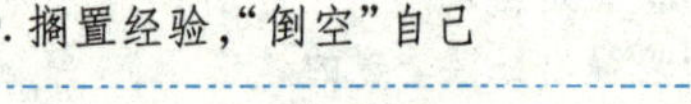

微信扫描

【答案】 D

【多选题】小王一直从事社会救助社会工作,服务贫困家庭,为了能有效地获得贫困家庭的信息,小王可以采取的评估手段有(　　)。(真题)

A. 与贫困家庭直接交流沟通　　B. 观察贫困家庭的居住空间

C. 走访贫困家庭的邻居朋友　　D. 观察家庭成员的身体语言

E. 使用人格测量量表

微信扫描

【答案】 ABCD

二、危机干预(重点掌握)

项　目	内　容
危机干预的步骤	(1)定义危机中的问题:问题的严重性及其影响,疏导服务对象的情绪 (2)确保服务对象的生命安全(最主要和最优先):降低服务对象自己以及对他人身心可能存在的潜在伤害 (3)提供持续性支持 (4)检验各种可能的选择。讨论时,采用正向、建设性的思考方式,降低服务对象的压力和焦虑 (5)制订方案。与服务对象一起制订适合的个别化方案 (6)达成共识。共同完成方案,恢复服务对象危机前的功能 完成6个步骤后,需要进行预防性辅导,与服务对象一起讨论未来可能存在的压力,协助其应对未来可能出现的危机

考查年份:2016～2019年。本考点近几年考查较多,均出了1道单选题。主要考查方向:危机干预的步骤。

危机干预可能会与妇女、儿童、老年人等社会工作结合出题。

母题精选

【单选题】在小梅的眼中,父母相亲相爱,一家人生活幸福。一年前,小梅的父亲失业了,经常借酒消愁,酒后夫妻俩常争吵不休,小梅妈妈觉得日子没法过了,与小梅的父亲离了婚。小梅得知父母离异后,把自己关在房间里,不吃不喝,也不和别人说话,小梅的父母焦急万分,求助社会工作者小李。此时,小李首先应该(　　)。(真题)

A. 确保小梅的人身安全

B. 联系学校老师为小梅补课

C. 与小梅沟通制订工作方案

D. 与小梅父母讨论该事件对小梅的影响

【答案】 A

三、社区为本的综合性救助方法(熟悉)

项　目	内　容
针对个人开展的个案工作	(1)社会工作者直接助人 (2)服务对象是有需要的个人及家庭 (3)服务方式是一对一,面对面 (4)帮助服务对象适应外部环境 (5)目标是解决现实问题,提高自身能力
针对困难群体开展的小组工作	(1)服务对象是一个群体 (2)服务方式是面对面互动 (3)目标是增强个人的社会功能、解决个人社会和心理方面的困扰,预防问题的产生,防止问题的恶化

考查年份:2012年。本考点考查较少,2012年出了1道单选题。主要考查方向:社区为本的综合性救助方法。

续上表

项　目	内　容
注重社区能力提升的社区工作	(1)个人发展与社区发展相结合 (2)倡导居民自助互助 (3)确立符合实际情况的目标,提升社区能力

章节练习

用手机微信扫描【章节练习】旁的二维码或用电脑浏览器打开 https://shegong.ek100.cn/即可进入智能题库进行章节练习。

第十章　家庭社会工作

· 本章应试分析

本章主要介绍了家庭社会工作的相关内容。在近几年考试中，本章涉及分值有所下降，平均分值在6分左右，通常会出3~6道单选题，0~2道多选题

考生在学习本章内容时，要重点掌握家庭社会工作的3个重要理论、家庭社会工作的主要内容和家庭社会工作的常用方法。

· 思维导图

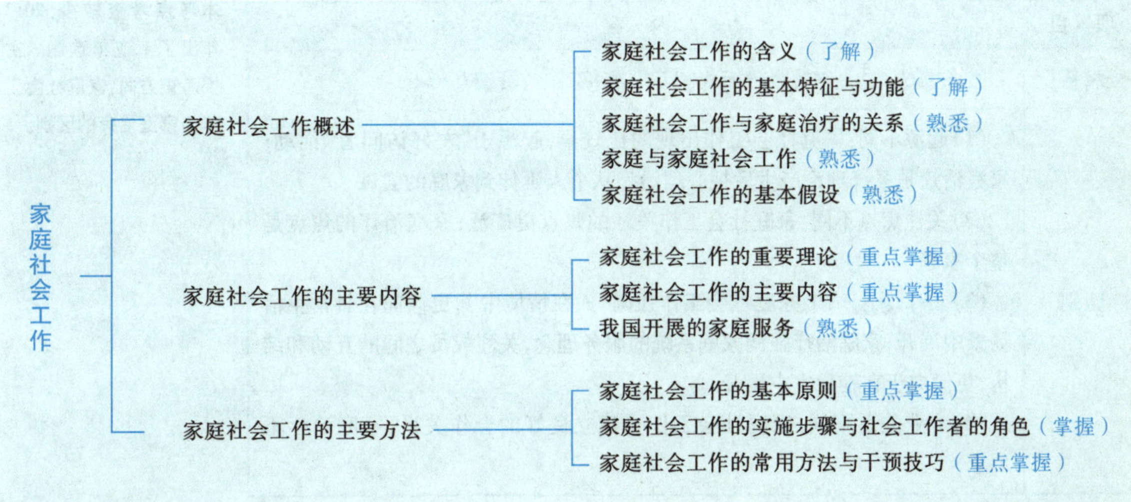

· 名师同步精讲

第一节　家庭社会工作概述

一、家庭社会工作的含义（了解）

项　目	内　容
家庭社会工作的含义	运用社会工作专业理论和方法，帮助家庭解决面临的困难，使其更好地发挥家庭的社会功能，满足所有家庭成员的发展和情感需要的专业服务活动 （1）是运用社会工作的专业理论和方法开展的专业服务活动 （2）目的是帮助有需要的家庭更好地发挥家庭的社会功能 （3）关注整个家庭成员的需要：把家庭视为一个整体当作服务活动开展的对象；把家庭作为服务活动开展的场景或者活动单位

名师指导

本考点2012年以后未考过，考生了解即可。

二、家庭社会工作的基本特征与功能(了解)

项　目	内　容
基本特征	(1)针对家庭的日常生活和沟通交流方式进行干预 (2)协助家庭成员改善家庭困扰产生的环境因素 (3)为家庭成员提供直接、具体的支持和帮助
基本功能	(1)为家庭增能,帮助家庭成员做好改变的准备 (2)结合家庭治疗和家庭支持,保障家庭维持有效的家庭功能 (3)完善家庭功能,维护家庭成员有效、满意的日常生活方式

本考点2012年以后未考过,考生了解即可。

三、家庭社会工作与家庭治疗的关系(熟悉)

项　目	内　容
联系	服务领域相互影响;服务模式相互影响;工作人员相互影响
区别	(1)起源不同:家庭社会工作出现的比较早,起源于"友好访问者"活动;家庭治疗是系统理论产生后把心理治疗从个人延伸到家庭的尝试 (2)关注焦点不同:家庭社会工作关注的焦点更广泛;家庭治疗的焦点是整个家庭 (3)工作理念不同:家庭社会工作强调"人在情境中",更倾向在日常生活场景中展开;家庭治疗强调家庭系统的服务理念,关注成员之间的互动和结构,更倾向于在辅导室中展开 (4)专业关系不同:家庭社会工作要建立良好的合作关系;家庭治疗不要求

考查年份:2013年。本考点考查较少,2013年出了1道单选题。主要考查方向:家庭社会工作与家庭治疗的区别。

四、家庭与家庭社会工作(熟悉)

项　目	内　容
家庭的作用	(1)家庭是社会成员获得基本需要、学习社会行为的重要场所 (2)孩子可以在家庭中学习基本的生活技能和知识,为家庭以外的生活做好准备 (3)家庭功能的正常发挥能保证社会的正常运行
家庭的类型	(1)核心家庭(父母亲和未婚子女组成) (2)主干家庭(父母亲和一对已婚子女组成) (3)联合家庭(父母亲和多对已婚子女组成) (4)领养家庭(通过法律长久收养子女的家庭) (5)寄养家庭(暂时托管和抚养未成年的子女) (6)单亲家庭(父亲或者母亲一方与未成年子女一起生活的家庭)

考查年份:2013～2014年。本考点考查较少,2013年和2014年均出了1道单选题。主要考查方向:①家庭的类型;②家庭变迁与社会工作。

续上表

项　目	内　容
家庭变迁与社会工作	(1)需要将家庭结构的变化与家庭成员互动关系的转变以及家庭成员需求的变化联系起来,且将变化放在家庭日常生活场景中去考察 (2)对自己的家庭生活经验保持警觉,避免自己误解,准确了解服务对象的真实需求

母题精选

【单选题】社会工作者小宁在督导会上谈到一个家庭个案,他说:"这是一个典型的单亲家庭,父母离婚8年,和所有单亲家庭一样,他们的孩子有一堆行为问题。"对于小宁的个案描述,最合适的督导意见是(　　)。(真题)

A. 小宁对家庭的认识很敏锐,是一次分析家庭的有益尝试

B. 小宁收集到了足够的资料,对家庭问题作出了正确评估

C. 小宁关注到家庭的不完整,坚持了以家庭为中心的理念

D. 小宁对家庭的认识干扰了其对服务对象家庭的理解和评估

【答案】 D

五、家庭社会工作的基本假设(熟悉)

本考点2012年以后未考过,但是对其思想理念的理解有助于后面内容的学习,考生要多加熟悉。

项　目	内　容
基本假设	(1)家庭支持是家庭成员社会生活的基础(家庭成员生活的主要场所、家庭生活的改善离不开家庭成员的支持) (2)家庭中心视角是把握家庭成员需求的关键(把家庭成员放到家庭日常生活环境中考察;了解家庭成员与家庭环境的相互影响过程) (3)家庭危机是促使家庭成员改变的重要契机(先解决危机,进而沟通交流,反思和调整生活,预防危机产生) (4)生态视角是理解家庭内外部环境的重要依据(生态视角不仅要把家庭成员放到家庭环境中考察,还要把家庭放到社会环境中去理解;社会环境中重要他人的影响也很重要)

第二节　家庭社会工作的主要内容

一、家庭社会工作的重要理论(重点掌握)

考查年份:2012~2019年。属于必考点,每年会出2~3道题目,其中通常有1~2道单选题,偶尔会有1道多选题。主要考查方向:①家庭系统理论;②家庭生命周期;③生态系统理论。

(一)家庭系统理论

项　目	内　容
家庭系统理论的主要观点	(1)家庭成员的问题是由整个家庭的不良沟通导致的 (2)家庭危机既是机会也是挑战 (3)因问题而导致的家庭功能失调能够得到有效解决

续上表

项　目	内　容
家庭系统的六要素	家庭系统理论的核心概念是家庭系统概念的6个核心要素 (1)家庭作为整体大于各部分功能之和,不是各部分的简单相加 (2)家庭系统努力维持改变和稳定之间的平衡 (3)家庭系统中一个成员的改变会影响所有的其他家庭成员 (4)家庭成员的行为遵循循环影响的原则 (5)每个家庭系统既包含很多次系统,又归属于更大的社会系统 (6)家庭系统依据已经建立的规则运行

母题精选

【单选题】小强刚上初中,妈妈要求他的考试成绩一定要在班里名列前茅,但爸爸却认为不应该给孩子太大压力,为此,夫妻俩经常争吵。小强觉得爸爸妈妈的争吵是因自己而引起的,变得沉默寡言,成绩也下降了。根据家庭系统理论,小强出现上述问题的原因可能是(　　)。(真题)

A. 学习不够努力　　B. 妈妈对小强要求过高

C. 家庭沟通不良　　D. 爸爸对小强要求过低

【答案】C

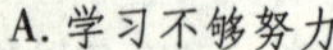

【单选题】王女士觉得儿子小强学习不用心,作业拖沓,时常责骂他,希望他养成良好的学习习惯,可是小强的学习表现没有任何改观。王女士越来越担心小强的学习,每天看着他做功课。小强对母亲的做法十分抵触,母子间常有言语冲突。针对上述情况,社会工作者应运用家庭系统理论中的(　　)这一核心观加以分析。(真题)

A. 家庭作为一个整体大于各部分之和

B. 家庭成员的行为遵循循环影响的原则

C. 家庭需要维持动态平衡

D. 家庭成员之间互相依赖和影响

【答案】B

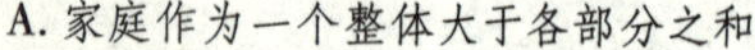

【单选题】社会工作者小郑接待了前来求助的小红母女俩。在面谈中,母亲告诉小郑,小红近来像变了一个人似的,上课不专心,做作业拖沓,为此她也说过小红,但情况没有任何改观。根据家庭系统理论,小郑下列的判断中,正确的是(　　)。(真题)

A. 这个家庭的问题是小红导致的　　B. 小红的问题是母亲导致的

C. 小红的问题是整个家庭的问题　　D. 小红的问题与这个家庭无关

【答案】C

【单选题】自从发现丈夫有了外遇之后,王女士便不断与丈夫争吵。每次争吵后,王女士都在女儿面前抱怨。不久,王女士发现女儿开始厌学、逃课,学习成绩出现下滑。王女士非常担心女儿,于是向社会工作者求助。根据家庭系统理论,社会工作者应该帮助王女士(　　)。(真题)

A. 改善与丈夫的关系　　B. 加强与女儿的沟通

C. 调整其丈夫与女儿的关系　　D. 明确与女儿的界限

【答案】B

(二)家庭生命周期

家庭发展阶段	任务和要求
一、家庭组成阶段	(1)脱离原生家庭 (2)组成新家庭 (3)形成夫妻角色的分工和规则
二、学前子女家庭阶段	(1)学习父母亲角色 (2)调整夫妻角色
三、学龄子女家庭阶段	(1)培养子女的独立性 (2)对学校等新机构和新的社会成员保持开放态度 (3)接纳家庭角色的变化
四、青少年家庭阶段	(1)调整家庭界限以满足青少年的独立需求 (2)适应家庭成员对个人自主性的要求
五、子女独立家庭阶段	(1)为子女独立生活做准备 (2)接纳、增强对子女追求自立的要求
六、家庭调整阶段	(1)重新调整夫妻角色 (2)学习把子女当作成人对待
七、中年夫妇家庭阶段	适应不以子女为中心的新角色
八、老年人家庭阶段	(1)学习与成年子女交流 (2)学习与孙辈交流 (3)学习应对衰老带来的问题 (4)维持晚年生活的尊严、意义和独立

母题精选

【多选题】小丽开始上小学了，父母的生活也因此发生了变化。小丽妈妈每天早上需要早起，负责送小丽上学；小丽爸爸每天下午需要准时下班，接小丽回家。根据家庭生命周期理论，小丽父母在此阶段需要承担的新任务包括(　　)。(真题)

A. 调整夫妻角色
B. 规范夫妻角色分工
C. 接纳家庭角色的变化
D. 培养小丽的独立性
E. 关注小丽所在学校的要求

【答案】CDE

【单选题】25 岁的独生子小南去年刚结婚，住在与父母相邻的社区。婚后，小南母亲每天来小南的住处替他们做饭、打扫卫生，周六、周日也不例外，还会对着小南夫妇不停地唠叨。小南妻子很不习惯，抱怨婆婆管得太多，干扰了他们的生活；小南父亲认为妻子一心扑在孩子身上而忽略了他，小南母亲自己也觉得很委屈，于是求助社会工作者。根据家庭生命周期理论，社会工作者的正确做法是(　　)。(真题)

A. 增进母子间的沟通
B. 协助小南父母调整夫妻角色
C. 协助小南母亲接纳子女自立的需要
D. 增进婆媳间的相互理解

【答案】C

【多选题】小贝夫妻俩自从有了孩子之后，一直磕磕碰碰。小贝总是抱怨自己既要工作又要照顾孩子，感到很累；丈夫则认为有了孩子之后，小贝变得婆婆妈妈，爱抱怨。根据家庭生命周期理论，社会工作者的下列做法中，正确的有（　　）。（真题）

A. 帮助小贝学习母亲角色　　B. 帮助小贝丈夫学习父亲角色

C. 帮助小贝夫妻俩形成家庭规则　　D. 帮助小贝夫妻俩调整夫妻角色

E. 帮助小贝夫妻俩回忆之前的幸福时光

【答案】 ABD

（三）生态系统理论

项　目	内　容
生态系统理论	（1）微观系统：个人直接面对面接触和交往而组成的系统，例如家庭、学校 （2）中观系统：个人积极参与的两个或多个微观系统的互动，例如对儿童而言，学校和家庭之间的转换互动关系就是中观系统 （3）外部系统：对个人有影响但是个人不直接参与的系统，例如社区 （4）宏观系统：影响个人的思想和行为的社会文化价值系统

在针对人群的社会工作中，微观系统主要指个人，但是当家庭社会工作的直接工作对象是整个家庭时，家庭社会工作中的微观系统就是家庭而非个人。

二、家庭社会工作的主要内容（重点掌握）

考查年份：2012～2016年。考查年份较多，属于常考点，一般会出1～2道单选题或者多选题。主要考查方向：①改善亲子关系；②改善夫妻关系。

项　目	内　容
改善亲子关系	（1）含义：以父母和子女关系的改善为服务焦点，以增进亲子间沟通交流和家庭社会功能为目标开展的服务 （2）内容 ①家庭行为学习（与父母建立良好的专业关系，指导父母在孩子学习新行为时，对孩子做出的适当行为予以奖励，不当行为给予惩罚，改善父母与孩子之间的沟通交流） ②家庭照顾技巧训练（明确沟通中的具体问题→把问题变成可以观察、测量的行为表现→尝试新的沟通行为→测试效果→根据效果继续或调整新的行为） ③家庭心理健康教育（为受助家庭提供必要的知识；增强其家庭成员间的沟通交流能力、解决问题的能力；扩展受助家庭成员的社会支持） （3）重点：改善亲子关系服务的重点是关注家庭生活中的纵向关系
改善夫妻关系	（1）婚姻辅导（夫妻角色的学习和扮演、沟通交流方式的改善、夫妻关系的平等） （2）家庭暴力的干预（妇女、儿童权益的保护；施暴者的心理辅导） 改善夫妻关系服务的重点是关注家庭生活中的横向关系

可以结合妇女社会工作的内容进行学习。

母题精选

【单选题】小龙是小学一年级学生，母亲在他3岁时因车祸去世，父亲脾气不好，对小龙的教育方式简单粗暴。针对小龙父子的情况，社会工作者拟为其进行亲职教育辅导，工作重点应该放在(　　)。(真题)

A. 确保小龙的基本权益　　B. 对小龙进行挫折教育

C. 对小龙进行自护教育　　D. 改善父亲的教育方式

【答案】 D

【单选题】32岁的丽英有一个5岁的女儿，平时性格温和的丈夫近期脾气暴躁，因夫妻拌嘴而动手打了丽英。丽英来找社会工作者寻求帮助，社会工作者经过评估发现，丽英丈夫近期工作压力很大，情绪不太稳定。据此，社会工作者适宜的做法是(　　)。(真题)

A. 在带丽英去医院疗伤的同时，将身处风险的女儿带离家庭

B. 给丽英做心理治疗，并让其接受人格测试

C. 立即报警，安排丽英和女儿住进家庭暴力庇护所

D. 为丽英丈夫提供心理辅导，帮助其学习控制情绪

【答案】 D

【单选题】小张夫妇发现儿子小强的一些行为习惯很不好，自己玩过的玩具不整理，说话也没礼貌，他们向社会工作者小孙求助。小孙根据家庭行为学习原理为小强设计了行为改变的方案，下列做法中正确的是(　　)。(真题)

A. 指导小强改变不良的行为习惯

B. 指导小张夫妇学习新的亲子沟通方式

C. 指导小张夫妇形成家庭角色分工，并制订家庭规划

D. 指导小强学习新行为，并鼓励父母及时给予奖励

【答案】 D

【单选题】小王夫妻俩均来自单亲家庭，他们非常渴望拥有一个完美和谐的家，说话做事总是小心翼翼，怕伤害到对方。但自孩子出生后，妻子把大部分时间和精力放在孩子身上，小王觉得受了冷落，开始抱怨指责妻子；妻子认为丈夫不理解她的辛苦，久而久之，他们见了面就争吵。针对小王夫妻的情况，社会工作者设计了婚姻辅导活动，该活动的主要目的应为(　　)。(真题)

A. 鼓励小王夫妻扮演对方的角色，理解彼此的需要

B. 鼓励小王夫妻讲述早年单亲家庭经历，缓解他们内心的压力

C. 指导小王夫妻了解自己行为背后的担心，调整他们对早年经历的认知

D. 协助小王夫妻反思自己性格存在的不足，改善他们对父母身份的认识

【答案】 A

【多选题】小明给学校社会工作者小王写了一封求助信："我最近很苦恼，妈妈经常动不动就骂我，今天还打了我，我很伤心。我希望你帮助我，让妈妈变得温柔一点。"小王找小明妈妈交谈，小明妈妈说了自己的苦恼："我就是脾气不好，我也知道不该打骂，可一遇事就控制不住自己。"下列小王的做法中，能够直接改善小明母子之间沟通方式的有(　　)。(真题)

A. 提示小明妈妈在孩子做出适当行为时给予鼓励　　B. 澄清小明妈妈沟通中存在的问题

C. 提升小明的自我情绪控制能力　　D. 帮助小明妈妈学习更有效的亲子互动

E. 帮助小明觉察母亲的矛盾情绪

【答案】 ABD

三、我国开展的家庭服务（熟悉）

项　目	内　容
我国开展的家庭服务	（1）家庭的救助和帮扶（提高困难家庭应对生活困境的能力，保障困难家庭的基本生活水平） （2）改善亲子关系的服务（家庭生活教育、有关家庭的主题活动、家长学校） （3）改善夫妻关系的服务（婚姻调解和婚姻学校）

本考点2012年以后未考过，内容与“家庭社会工作的主要内容”有重复的地方，可以将两个考点结合起来学习。

第三节　家庭社会工作的主要方法

一、家庭社会工作的基本原则（重点掌握）

项　目	内　容
基本原则	（1）家庭处境化原则（要求把家庭成员放在家庭的日常生活中） （2）家庭成员增能原则（鼓励家庭成员参与问题解决的过程，增强家庭成员自身的能力） （3）家庭个别化原则（根据受助家庭的实际需要设计介入计划） （4）家庭成员需要满足原则（将受助家庭成员的问题解决的需要与长远的预防和发展的需要结合起来）

考查年份：2013～2014年，2017～2019年。属于常考点，一般会出1道单选题或者1道多选题，偶尔会出2道单选题。主要考查方向：家庭社会工作的4项基本原则。

母题精选

【单选题】小红向社会工作者小李反映，最近她经常与妈妈发生冲突，小红觉得自己已经长大，但妈妈还是像对小孩那样管她，认为她很幼稚，容易上当受骗。根据家庭处境化原则，小李在评估小红的需求时，应该关注（　　）。（真题）

A. 小红与妈妈日常的沟通状况　　B. 小红拥有的能力

C. 小红家庭特定的发展阶段的要求　　D. 小红的想法

【答案】A

【多选题】某街道家庭综合服务中心的社会工作者为辖区内的失独家庭“计划生育特殊家庭”提供服务。根据家庭社会工作的基本原则，社会工作者在服务过程中，适宜的做法包括（　　）。（真题）

A. 指出家庭成员的问题，提供解决问题的方法

B. 观察失独家庭的日常生活，在家庭生活场景中评估其需要

C. 评估失独家庭成员能力和不足，设计有效的服务介入计划

D. 只关注失独家庭成员目前的需要，重点解决其当前的问题

E. 从失独家庭所处的特殊处境着手，把握家庭成员的真实需求

【答案】BCE

二、家庭社会工作的实施步骤与社会工作者的角色（掌握）

项　目	内　容
步骤与主要任务	(1)接触阶段:约定初次会谈的时间和安排、为初次会谈做好准备、安排第一次会谈 (2)开始阶段:建立稳定的合作关系、全面评估受助家庭成员的问题(倾听和理解家庭每个成员的感受)、明确服务介入目标和服务活动基本要求 (3)介入阶段:明确自身专业角色、运用专业技巧影响受助家庭成员、协助家庭成员解决整个家庭面临的问题 (4)结束阶段:与受助者家庭成员协商服务结束事项、总结和巩固整个服务活动的成果
介入阶段社会工作者的角色	(1)支持者(推动受助家庭成员发生积极的改变) (2)教育者(向受助家庭成员讲授有关的知识和提供必要的技能训练) (3)咨询者(帮助受助家庭成员深入了解面临的困难,以便做出准确的判断) (4)使能者(增强受助家庭成员运用资源解决问题的能力) (5)资源调动者(为受助家庭成员建立和扩展社会支持网络)

考查年份:2012 年,2014～2015 年。属于常考点,一般会出 1 道单选题和 1 道多选题,偶尔会出 1 道多选题。主要考查方向:①家庭社会工作的步骤与主要任务;②介入阶段社会工作者的角色。

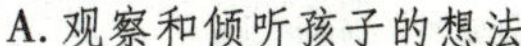

母题精选

【单选题】小李夫妻因工作繁忙,请父母来照看孩子。但不久就发现,老人与他们的教育方式差别很大,两代人之间时常发生争执。他们认为老人太溺爱孩子,而老人觉得孙子还小,大了自然就懂事了。小李夫妻为此很苦恼,向社会工作者求助。社会工作者的下列做法中,恰当的是(　　)。(真题)

A. 观察和倾听孩子的想法　　B. 倾听和理解家庭每个成员的感受

C. 协助老人明白教育孩子是父母的责任　　D. 说服小李夫妻接受老人的教养方式

【答案】B

【多选题】32 岁的外来女工小娟几年前离异,带着 8 岁的女儿一起生活。因女儿学习适应困难,小娟非常着急,向社会工作者求助。在帮助这个家庭之前,社会工作者应做评估,其内容包括(　　)。(真题)

A. 小娟母女面临的问题　　B. 小娟与女儿的互动方式

C. 小娟可用的社会资源　　D. 小娟家庭的生命周期

E. 小娟失败的婚姻经历

【答案】ABCD

【多选题】智障人士服务机构社会工作者小李,与智障人士家庭建立了积极的信任关系。她经常向这些家庭的成员讲授相关知识,指导他们掌握相关技能,并提供多种信息,增强他们的应对能力。在以上服务中,小李承担了(　　)角色。(真题)

A. 支持者　　B. 教育者　　C. 倡导者

D. 使能者　　E. 资源调动者

【答案】BD

三、家庭社会工作的常用方法与干预技巧(重点掌握)

项　目	内　容
家庭评估的常用方法(家庭结构图)	(1)家庭结构图的绘制原则 ①长辈在上、晚辈在下 ②夫妻关系中:男在左,女在右 ③同辈中:年长在左,年幼在右 (2)家庭结构图图示 □表示男性;○表示女性;———表示婚姻关系;—//—表示离婚关系;—/—表示分居关系;----------表示同居关系
家庭干预的主要技巧	(1)观察技巧。运用系统记录实际行为表现的强度、频率和时间的方式让受助家庭成员准确了解自己行为带来的结果和面临的问题 (2)聚焦技巧。帮助受助家庭成员收窄注意的焦点,将受助家庭成员的注意力集中在需要解决的问题上 (3)例子使用技巧。向受助家庭成员解释、描述和传递重要的信息和想法,让受助家庭成员了解困难解决的不同途径和经验 (4)再标签技巧。帮助受助家庭成员从更积极的角度界定问题,改变受助家庭成员以往的消极态度和认识,促使受助家庭成员产生新的、积极的行为

考查年份:2012～2015年,2017～2019年。基本属于必考点,通常会出1～2道单选题,2013年考的较多,出了3道单选题和1道多选题。主要考查方向:①家庭结构图;②家庭干预的主要技巧。

母题精选

【单选题】王女士向社会工作者小李抱怨其女儿有很多坏毛病,包括做作业拖沓,写字速度慢,从不整理自己玩过的玩具等。为了帮助王女士聚焦问题,小李正确的做法是(　　)。(真题)

A. 让王女士清楚描述女儿问题的表现　　B. 让王女士澄清希望解决的其他问题

C. 协助王女士根据严重程度给问题排序　　D. 协助王女士分析造成这些问题的原因

【答案】C

【单选题】王女士32岁,与丈夫分居两年,目前带着8岁的女儿与父母一起生活。王女士父亲今年60岁,刚退休;母亲56岁,还在工作。根据上述家庭资料,社会工作者绘制的家庭结构图中,正确的是(　　)。(真题)

A.　　B.

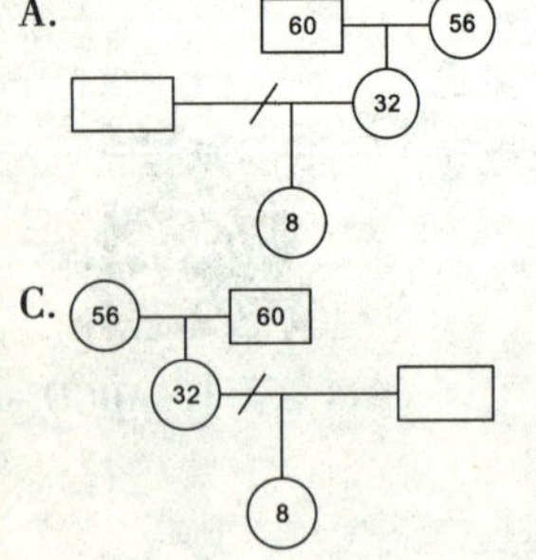

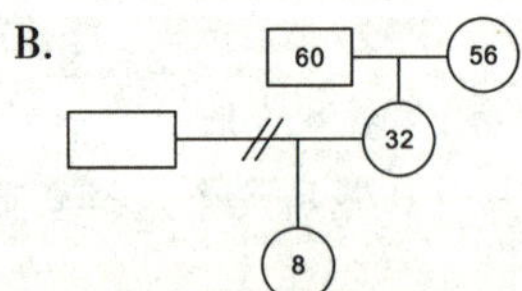

D.

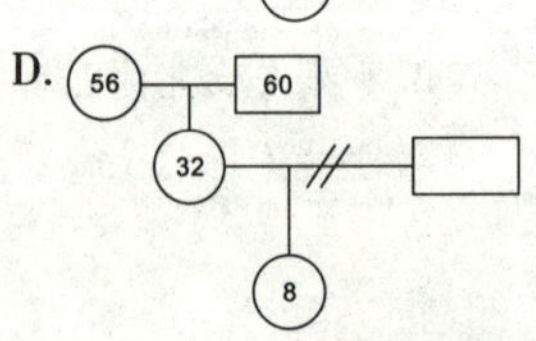

【答案】A

章节练习

用手机微信扫描【章节练习】旁的二维码或用电脑浏览器打开 https://shegong.ek100.cn/即可进入智能题库进行章节练习。

第十一章　学校社会工作

• 本章应试分析

本章主要介绍了学校社会工作的相关内容。在历年考试中，本章涉及分值约为 6 ~ 7 分，近几年考试题量维持在 4 题，其中 3 道单选题，1 道多选题

考生在学习时要重点掌握学校社会工作的主要内容及方法，抗逆力理论和方法是重中之重。

• 思维导图

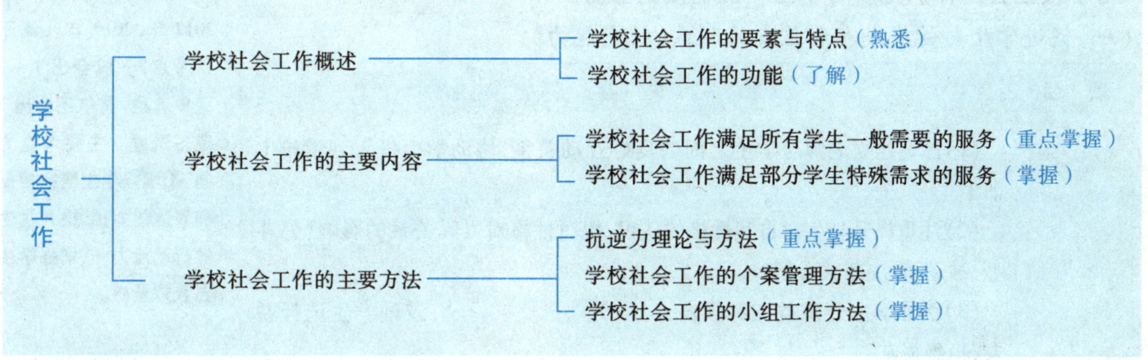

• 名师同步精讲

名师指导

第一节　学校社会工作概述

一、学校社会工作的要素与特点（熟悉）

项　目	内　容
要素	(1)学校社会工作的属性（是一种专业服务） (2)学校社会工作的对象（直接服务对象是全体学生，学校教职工、学生家长、学校和社区环境等也可以作为其服务对象） (3)学校社会工作者（具有广泛的基础知识和社会工作专业知识、方法、技巧、价值观） (4)学校社会工作的目标（协助学校育人）
特点	专业性、科学性、艺术性、网络性

考查年份：2012 年。本考点考查较少，2012 年出了 1 道单选题。主要考查方向：学校社会工作的要素。

二、学校社会工作的功能（了解）

项　目	内　容
学校社会工作的功能	(1)帮助处境不利学生，促进教育机会均等 (2)推进学生学习知识，为丰富人生奠定基础

本考点 2012 年以后未考过，考生了解即可。

续上表

项　目	内　容
学校社会工作的功能	(3)协助学生能力提升,适应社会发展需要 (4)促进学生人格完善,实现人生积极成长 (5)协调各方教育资源,形成优质教育合力

第二节　学校社会工作的主要内容

一、学校社会工作满足所有学生一般需要的服务(重点掌握)

考查年份:2014～2017年,2019年。属于常考点,一般会出1～3道单选题,偶尔还会出1道多选题。主要考查方向:①增强学生情绪控制和表达能力;②提升学生的行动能力;③增强学生自我效能感。

(一)促进学生与健康成人和益友的联系(社交能力)

项　目	内　容
主要内容	(1)注重建立老师与学生之间的良好互动关系,协助学生投入到学校生活中 (2)注重提升学生对自我性格的认识,探讨性格对人际关系的影响(好斗型、被动型、决断关心型) (3)引导学生分辨益友和损友,学习拒绝诱惑的方法,鼓励学生选择益友,拒绝损友 (4)注重巩固学生与父母的关系,建立和谐的家庭关系

(二)增强学生明确自我身份和有效处理冲突的社交能力

项　目	内　容
主要内容	帮助学生建立正面的人际关系和明确的自我身份,有助于展现正向的社交行为,与别人和睦相处 (1)建立国民身份认同,建立与国家的亲密感 (2)协助欣赏生活的城市或农村,认同其城市居民或农村村民的身份,建立贡献家乡的愿景 (3)协助建立对外地人士的了解,不歧视来自不同地区的人士

(三)增强学生情绪控制和表达能力

项　目	内　容
主要技巧	(1)识辨自己与他人的情绪 (2)学会用不同的词语和方法表达自己的情绪和感受 (3)对他人的情绪经验有同理心和同情心 (4)理解个人内在情绪与外在表达的差异性 (5)用健康的方法处理负面情绪 (6)了解情绪交流是建立深厚人际关系的一部分 (7)加强个人对情绪的自我效能感

续上表

项　目	内　容
主要内容	(1)指导学生学习了解有关情绪的基本知识 (2)引导学生认识情绪问题的形成及其影响,了解情绪问题的本质 (3)协助学生分辨自己的情绪,认识不同情绪的表达方法 (4)提高学生辨识别人感受和情绪的能力,用同理心去理解别人 (5)引导学生以正面的想法去面对负面的情绪,学习"转换想法"的技巧(转换想法:分辨与判断是否存在非理性信念、对非理性信念进行驳斥、重建合理想法)

增强学生情绪控制和表达能力的主要内容是对其技巧的一种深化。

母题精选

【单选题】学校社会工作者小秦在服务中发现,晓涛性格内向,不善交际,与同学、老师的关系较为疏远,他认为别人都看不起自己,内心越来越自卑。针对晓涛的问题,小秦试图以"转换想法"的技巧,帮助晓涛学习以正面想法面对负面感受。小秦首先应引导晓涛(　　)。(真题)

A. 对非理性想法进行驳斥　　B. 分辨和判断是否有非理性想法

C. 接纳自己的非理性想法　　D. 以客观事实为基础重建合理想法

【答案】 B

【多选题】为培养和强化学生控制和表达情绪的能力。社会工作者可做的工作包括协助学生(　　)。(真题)

A. 辨识自己和他人的情绪

B. 拒绝接纳自己的负面情绪

C. 提高对他人负面情绪的同感能力

D. 学会运用不同的词语和方法表达自己的感受

E. 理解个人内在情绪和外在表达的差异性

【答案】 ADE

(四)促进学生的认知能力

项　目	内　容
主要内容	(1)引导学生认识理性、创意、批判的思考方式,明白反思的重要性,掌握反思的技巧 (2)引导学生在思考方式的基础上掌握思维性格特点并加以应用,使学习达到更高成效 (3)引导学生运用不同思维性格处理生活问题,培养解决问题的能力 (4)引导学生认识事实和意见的区别,培养以批判思维分析信息的能力

(五)提升学生的行动能力

项　目	内　容
主要内容	(1)改善学生的常规社交行为 (2)理解道歉的重要性,并掌握道歉的技巧

续上表

项　目	内　容
主要内容	(3)指导学生学会赞赏别人和正确回应别人的赞赏 (4)引导探讨宽恕的意义,明白原谅别人的重要性

母题精选

【单选题】某初中二年级一班计划组织一次篮球比赛。黄同学的个子不高,平时很少打篮球,李同学对黄同学说:"矮冬瓜,你也参加吧。"同学们哄堂大笑,黄同学对李同学心怀不满,计划报复李同学,社会工作者小王得知此事后,帮助黄同学缓解愤怒情绪,与其一起探讨如何以正确的态度对待李同学的行为,以及如何以适当的方式应对此事。小王这一做法的目的是引导黄同学(　　)。(真题)

A. 学会尊重别人　　B. 辨识自己的情绪

C. 学会宽恕别人　　D. 辨别益友与损友

【答案】 C

(六)提升学生分辨是非的能力

项　目	内　容
主要内容	(1)引导学生了解公平的意义及其重要性,坚持公平原则 (2)引导学生在追求公平时,尊重和顾及他人的需要和感受 (3)引导学生懂得反省自私的行为 (4)引导学生探讨与朋友发生矛盾时应有的态度 (5)引导学生探讨诚信,明白诚实和信誉的关系

(七)增强学生自我效能感

项　目	内　容
主要内容	(1)培养学生的自尊和自信 (2)挖掘和激发学生的能力,通过成功经验体验自我效能感 (3)协助订立切实可行的目标,体会目标实现后带来的自我效能感 (4)协助提升学习方面的自我效能感,发掘适合个人的学习策略 (5)降低负面自我效能感 ①非黑即白(用是或不是的绝对思想) ②灰色眼镜(看一件事只着眼于负面的地方) ③以偏概全(把个别事件或贬低自我的想法无限放大) ④透视心意(单凭直觉猜测别人想法,还信以为真)

母题精选

【单选题】为了培养学生的认知能力,学校社会工作者小莉引导学生学习辨别各种"扭曲思想"。为此,她设计了一个讨论的情境,在此情境中,其中一个学生说:"我连英语也学不好,我将来就是个没用的人。"该生这种"扭曲思想"表现出"(　　)"非理性认知的特点。(真题)

A. 非黑即白　　B. 灰色眼镜　　C. 以偏概全　　D. 透视心意

【答案】 C

【单选题】社会工作者小顾在为六年级学生小浩提供辅导时，老师反映小浩平时好玩、爱动、注意力不集中、喜欢与同学打闹，但在美术课上，却能用心画画。据此，小顾建议老师让小浩担任美术课代表，小顾这样做的目的在于(　　)。(真题)

A. 增强小浩的自我效能感　　B. 培养小浩的亲社会联结

C. 促进小浩的认知能力　　D. 改善小浩的行动能力

微信扫描

【答案】 A

(八)促进学生培养亲社会规范

项　目	内　容
主要内容	(1)协助学生学习社会规范 (2)协助学生学习社会文化 (3)协助学生学习承担社会责任 (4)协助学生学习社会角色行为 (5)协助学生提高分辨是非能力 (6)培养学生的道德感 (7)培养学生的分析能力

二、学校社会工作满足部分学生特殊需求的服务(掌握)

考查年份：2014 年，2016 ~ 2018 年。属于常考点，一般会出 1 道单选题或者 1 道多选题。本考点可能会结合其他考点出题，比如 2016 年就结合社会救助中的教育救助出了 1 道多选题。主要考查方向：①学业困境学生；②心理困境学生；③特殊行为问题学生。

(一)学业困境学生

项　目	内　容
学业困境原因	(1)学生自身的原因：生理缺陷和心理障碍；学习动力不足；学习能力低；偏科或学习基础差 (2)学校原因：教师的教学方法；教师的教学态度；学生间恶性竞争氛围 (3)家庭原因：家庭学习环境和父母的管教方式 (4)社区原因：社区环境和学生社交关系网络
主要方法	(1)个案帮助：以学业进步为中心任务的个案 (2)团体互助：组织有学习障碍的学生加入学习小组 (3)与任课教师合作 (4)整合社会资源：对因家庭问题陷入学业困境的，帮助其创造良好的学习环境

母题精选

【单选题】班主任向社会工作者小姚反映，学生小华最近数学成绩下降，经常无精打采，闷闷不乐。小姚通过小华的描述了解到，小华因在数学课上睡觉，老师很生气，对他说："你这是什么态度，根本不像个学生，干脆收拾东西回家吧。"他现在很不喜欢上数学课。针对上述情况，小姚在介入时首先应关注的焦点问题是(　　)。(真题)

A. 小华的优势潜能　　B. 老师的教育方式

C. 小华的学习兴趣　　D. 老师的教学方法

微信扫描

【答案】 B

（二）人际关系困境学生

项 目	内 容
主要表现	沉默寡言、遭人排挤、行为偏激、专横霸道
主要方法	（1）个案帮助：通过咨询和辅导了解问题，提供帮助 （2）团体促进：通过小组工作的方法进行自我肯定训练，并通过游戏等方式进行教导 （3）能力提升与德育教育相结合：从成功经验中获得自我肯定 （4）家庭学校资源整合：多方联系共同解决问题

（三）家庭生活困境学生

项 目	内 容
家庭生活困境学生	（1）面临问题：情绪问题（自卑、精神压力）；经济压力；照顾的问题 （2）方法 ①情感支持（帮助表达心声、宣泄情绪、增强自信，帮助发现能力和资源、提升沟通技巧、恢复勇气） ②发展支持系统（组成成长或互助小组） ③运用社会资源（社区资源、相关社会机构、民政部门、社会团体、社会救助） ④开发学生潜能（积极的心态看待自己、发现优势、激发生命力、超越自我）

（四）心理困境学生

项 目	内 容
心理困境学生	（1）个案服务（帮助其舒缓情绪，缓解压力） （2）小组帮扶 （3）普及心理学知识（正确理解心理状况困境，相互理解和帮助） （4）营造良好学校环境

（五）特殊行为问题学生

考生可以结合预防青少年违法犯罪和矫正社会工作进行学习。

项 目	内 容
人群	（1）暴力倾向学生 （2）网络成瘾学生 （3）违纪违法学生
主要方法	（1）个案工作探究问题成因（工作要点：澄清学生的角色、认知问题行为的后果、提供心理支持、建立正确的学习态度和方式、促进行为改变和良好行为的形成） （2）建立团体，形成正向影响（发泄情绪与压力，获得彼此支持，交流成长体会，学习成长经验，增强正向动机） （3）关注家庭，宣传亲职教育和方法 （4）开发社会资源，争取社会支持

第三节 学校社会工作的主要方法

微信扫描

一、抗逆力理论与方法(重点掌握)

考查年份:2012 ~ 2019 年。属于必考点,一般会出1道单选题(必出),1 ~2 道多选题(偶尔出)。主要考查方向:①抗逆力的构成要素;②培养学生抗逆力方法的基本步骤。

(一)抗逆力的理论来源

项目	内容
理论来源	优势视角(基本信念:赋权、成员资格、抗逆力、对话合作)
抗逆力含义	是一种克服不利环境的能力,使个人处在危机或压力情景时,能发展出健康的应对策略
表现形式	(1)常规形式:亲社会取向、遵从社会规范与道德、认同主流社会文化、社会认可和接纳 (2)非常规形式:反传统、反社会、反主流的行为倾向、挑战常规、对抗成人、批判现实
构成要素	(1)外部支持要素(I have):拥有正向的连接关系、坚定清晰的规范、关怀支持的环境、积极合理的期望、有意义的参与机会 (2)内在优势因素(I am):完美的个人形象感、积极乐观感 (3)效能因素(I can):人际技巧、解决问题的能力、情绪管理、目标订立

母题精选

【单选题】初一学生小李的父母几年前因车祸双亡,爷爷奶奶靠微薄的养老金抚养他,尽管生活艰辛,但爷爷奶奶非常疼爱小李,老师和同学也都很喜欢和关心他,小李也有自己的理想,学习努力,成绩优秀。从抗逆力理论视角看,上述案例中,对小李健康成长最重要的影响因素是(　　)。(真题)

A. 个体的坚强与忍耐

B. 支持性人际与社会关系

C. 个人较好的情绪管理能力

D. 家人与老师的殷切期待

微信扫描

【答案】 B

【多选题】学校社会工作者小秦计划开展抗逆力提升小组,小组有“优点大轰炸”“学业压力应对”和“建立良好人际关系”等主题活动。上述小组活动所体现的抗逆力要素包括(　　)。(真题)

A. 外部支持因素　　B. 内在优势因素

C. 内部心理因素　　D. 效能因素

E. 家庭支持因素

微信扫描

【答案】 ABD

【多选题】学校社会工作者小张运用培养学生抗逆力方法为支出型贫困家庭子女提供服务，目标是帮助他们接纳自我，增强自我价值感和现实感。小张在服务提供过程中应关注上述服务对象的内在优势因素，这些因素包括(　　)。(真题)

A. 父母的合理期望　　B. 积极的个人形象感

C. 关怀支持的环境　　D. 解决问题的能力

E. 乐观向上的态度

【答案】BE

(二)培养学生抗逆力方法的基本步骤

系统	步骤	内容
危机缓冲系统	第一步	增加亲社会联结(组织学生活动，建立健康同辈关系；创造机会吸引父母参加学习活动；教育和教学环节促进师生沟通)
	第二步	建立清晰一致的界限(执行步骤和奖惩措施)
	第三步	教授生活技能
抗逆力构建系统	第四步	提供关怀与支持
	第五步	建立和表达高期望(强化合作、淡化竞争)
	第六步	提供机会，促进参与

考生可以结合外部支持因素的5项内容加以学习和记忆。

母题精选

【单选题】为了促进学生在道德、学业和职业方面发展的抗逆力，学校社会工作者小秦设计了3个小组工作计划，一是“友好交往”增进同学友谊的小组，二是“亲情驿站”连接亲子关系的小组，三是“良师益友”促进师生关系的小组。小秦上述设计属于“抗逆力论”方法中(　　)的工作内容。(真题)

A. 提供关怀和支持　　B. 提供机会，促进参与

C. 促进亲社会联结　　D. 建立清楚一致的行为和规范

【答案】C

【单选题】小刚最近跟随打工的父母从农村来到城市。为了帮助小刚适应新环境，社会工作者小张多次走访他的家庭、学校和所在社区。小张发现小刚在班级里有几个要好的伙伴，于是组织他们一起学习和玩耍，并帮助小刚熟悉环境，以减轻小刚由于转学造成的不适应感。在这个过程中，对小刚的改变产生了重要影响作用的是(　　)。(真题)

A. 朋辈群体　　B. 学校　　C. 家庭系统　　D. 社区

【答案】A

(三)培养学生抗逆力的策略

步骤	策略
增加亲社会联结	为学生提供更多的学习和行动的途径；将积极的家庭—学校连接放在优先的位置
建立清晰一致的界限	建立学生期望的政策模式；由教师、学生、家长共同制定政策

培养学生抗逆力的策略是对培养学生抗逆力方法基本步骤的补充。

续上表

步　骤	策　略
教授生活技能	将生活技能与学业成就相联系；教授学生们期望学习的技能
提供关怀与支持	强调合作，使学生意识到自己是可以成功的，为困境学生提供解决策略
建立和表达高期望	培养教师和学生看到他人的潜能；拥有每个学生都会成功的信念
提供机会，促进参与	视学生为资源，实行对等的学习，提供学习方法

二、学校社会工作的个案管理方法（掌握）

考查年份：2015 年，2017～2018 年。属于常考点，近几年考查频次较高，2015 年和 2018 年各出了 1 道单选题，2017 年出了 1 道多选题，考生需要掌握本考点。主要考查方向：个案管理的过程。

项　目	内　容
适用对象	学业困境、人际关系困境、家庭生活困境、心理困境及有特殊行为问题的学生
个案管理的过程	（1）识别服务对象（来源：转介、推介、主动求助、外展） （2）对生态系统进行分析，评估需求（生态系统：社区、学校和家庭） （3）评估社会支持网络（支持网络：学校、家庭和社区） （4）进行资源、社会支持网络、服务对象的对接 （5）监管服务的传送 （6）评估（学生评估、服务系统传输评估）
个案管理者的角色	（1）服务经纪人：整合和提供多种服务，帮助学生处理问题 （2）使能者：邀请学生及其家庭共同合作，发展其寻求资源和社会支持的能力

母题精选

【多选题】初二的詹同学与本班 5 名同学对高一李同学进行群殴，致使李同学身体多处受伤住院，经公安、检察院处理之后转介给学校社会工作者小曹。小曹接案后，对李同学和詹同学的情况进行了评估，决定采用个案工作方法对两位同学给予辅导，小曹的正确做法有（　　）。（真题）

A. 确定介入的问题焦点和服务方案

B. 与家长进行沟通并对其进行辅导

C. 对詹同学和李同学分别进行问题分析

D. 开展预防校园欺凌的知识普及与传播工作

E. 运用社区资源协助家长解决子女照顾问题

【答案】 AC

【单选题】学校社会工作者小勇运用个案管理方法帮助贫困学生解决他们所面临的问题。当服务结束时，小勇从“资源—社会支持网络—服务对象”的对接程度来评估服务成效。小勇上述工作属于(　　)评估。(真题)

A. 学生状况　　B. 资源整合　　C. 服务系统传输　　D. 社会支持网络

【答案】 C

三、学校社会工作的小组工作方法(掌握)

项　目	内　容
特点	具有体验性、趣味性、创造性、活动性，适合学生群体
实施步骤	(1)考察与预估阶段(按需开展、自愿原则) (2)制订计划阶段(有明确的方向和目标) (3)实施计划阶段(前期、形成期、协商期、成熟期) (4)评估与调整计划阶段 (5)再评估阶段(对上一阶段活动的评价和感受，对于下一阶段活动的建议和期望)

考查年份：2012 ~ 2014 年。属于常考点，一般会出 1 ~ 2 道单选题，偶尔还会出 1 道多选题。考试时可能会结合本书第一章“社会工作实务的通用过程”的相关内容出题。主要考查方向：小组工作的实施步骤。

母题精选

【单选题】学校社会工作者正在为大学生筹划一个生涯规划发展小组。为了帮助学生明确生涯规划目标，下列活动主题最适宜的是(　　)。(真题)

A. 制订学业发展计划，培养终生学习意识

B. 注重创新思维培养，学习资源整合方法

C. 了解生涯发展任务，树立生涯规划意识

D. 制订生涯发展规划，提升自我探索能力

【答案】 C

章节练习

用手机微信扫描【章节练习】旁的二维码或用电脑浏览器打开 https://shegong.ek100.cn/即可进入智能题库进行章节练习。

第十二章　社区社会工作

• 本章应试分析

本章主要介绍了社区社会工作的相关内容,属于重点考查章节。在历年考试中,本章涉及分值约为8～9分,近两年考试题量维持在7～8题,其中单选题5道,多选题2～3道。

考生在学习时,重点理解和掌握城市社区社会工作的主要内容和社区社会工作的主要方法。

• 思维导图

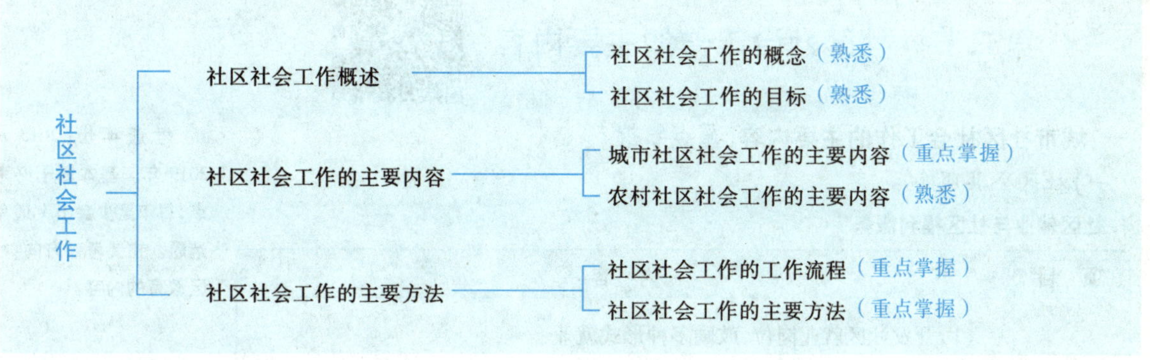

• 名师同步精讲

第一节　社区社会工作概述

一、社区社会工作的概念(熟悉)

项　目	内　容
概念	(1)是社会工作的一个实务领域 ①运用多种专业方法,提供多元化服务,提高居民的社会意识,协助运用社区资源,解决居民问题 ②协助社区居民建立友善的邻里关系,鼓励互相照顾和关怀,满足社区需求,实现社区和谐 (2)是社会工作的一个专业方法

二、社区社会工作的目标(熟悉)

目　标	内　容
促进居民参与,解决社区问题	主要任务:协助居民建立参与解决社区问题的信念,帮助其树立信心,传授解决问题的知识和技巧,培养居民骨干

名师指导

考查年份:2013 年。本考点考查较少,2013 年出了 1 道单选题。主要考查方向:社区社会工作的概念。

考生可以结合“社会工作综合能力”科目第六章“社区工作方法”进行学习。

本考点 2012 年以后未考过,但这部分的内容比较重要,考生需要在学习时多加熟悉。

续上表

目 标	内 容
改善社区关系，提升社区意识	(1)对外关系：与政府机构、辖区单位的良好互动关系，表达居民意见和诉求，争取资源，解决问题，满足需求 (2)对内关系：社区内部各组织之间；居民与居民之间
挖掘社区资源，满足社区需求	(1)重视挖掘社区中的人力资源 (2)重视社会政策研究工作 (3)重视辖区单位(或组织)的资源发展工作

第二节 社区社会工作的主要内容

一、城市社区社会工作的主要内容(重点掌握)

考查年份：2013～2019年。基本属于必考点，每年至少会出1道单选题。主要考查方向：社区教育的内容。

(一)社区公共服务

1. 社区就业与社区福利服务

项 目	内 容
社区就业服务	(1)开发社区就业岗位，鼓励多种形式就业 (2)宣传和执行落实再就业优惠政策。包括：税收优惠政策、工商登记优惠政策、贷款担保等金融服务政策、场地安排优惠政策 (3)开展社区就业服务和就业培训 ①开展就业服务：收集岗位需求信息、协助失业人员寻找工作、转变就业观念、寻求社会政府资源予以支持 ②开展就业培训：结合实际，针对性培训；创业培训，培养创业带头人
社区福利服务	(1)针对老年人提供的服务：养老服务；文化教育服务；健康服务；再就业服务；婚姻服务 (2)针对残疾人提供的服务：康复服务，安置服务，生活服务 (3)针对优抚对象提供的服务：拥军优属；解决日常难题；军民联谊，开设军地两用人才培训班等 (4)针对青少年提供的服务：生活照顾，校外教育，失足青年帮教 (5)针对贫困者提供的服务：再就业，提供低保等经济援助，扶贫济困活动

2. 社区教育

项 目	内 容
方向	从运行体制的角度看，可以分为 (1)学校本位的社区教育 ①基础：学校的条件和需要

续上表

项　目	内　容
方向	②目标:培养学生社区归属感、公民责任意识;让社区居民有享用学校设施及活动的机会 ③实施主体:教育机构和教育工作者 (2)社区工作本位的社区教育 ①基础:建立社区居民的互助关系 ②目标:促进居民参与社区公共事务,提高社区居民的觉悟,改善生活质量,建设互相尊重和团结的社区 ③实施主体:社会福利机构和社会工作者
内容	(1)按照社区教育的基本目标分类 ①补偿式教育:通过社区教育课程及系统的活动补偿社区居民没有接受的正规教育的知识空间;提供成人课程和教育机会;通常采取非正式的教育方式,从居民的实际经验出发,提供必需的知识和技能 ②**控制式教育**:通过宣传教育,重点控制不守公德和秩序的行为,以阻止性为主,曝光社区不文明行为等,通常会强调惩罚的规则 ③**发展式教育**:关注人的全面发展;核心是思想解放,形成批判性思维;重点是对居民进行意识提升,使居民了解社会对每个人的责任和应提供的保障;通常采取集体参与的方式 (2)按照社区教育的服务功能分类 ①家庭生活教育:预防家庭解体及相关社会问题 ②公民教育:是社区教育的重点教育内容,强调以社区为依托;对象是全体社区成员尤其是社区青少年;目标是培养公民解决社会问题的能力 ③成人教育:为因各种原因失学或未能接受正规教育的人,提供实用性知识和技能的短期课程 ④**健康教育**:以社区为单位,向居民提供健康和预防疾病的知识;推动"反歧视"教育

母题精选

【单选题】在社区教育项目中,社会工作者设置了提高社区青少年践行社会主义核心价值观能力的内容。此内容属于(　　)教育。(真题)

A. 成人　　　　B. 健康生活

C. 公民　　　　D. 家庭生活

【答案】C

【单选题】某社会工作服务机构到社区附近的餐厅宣传"光盘行动",倡导社区居民养成"爱惜粮食,勤俭持家"的良好行为习惯。该机构的上述做法属于社区教育活动中的(　　)。(真题)

A 补偿式教育　　B 控制式教育　　C 发展式教育　　D 预防式教育

【答案】B

【单选题】2014 年，非洲爆发埃博拉疫情的消息引发了某小区部分居民的恐慌，扰乱了正常的生活秩序。社会工作者老顾及时联系了某医院感染科的专家深入社区进行专题健康讲座，解除了大家的恐慌情绪，稳定了社区秩序。在这一过程中，老顾的工作起到了(　　)的作用。(真题)

A. 宣传教育　　B. 资源连接　　C. 组织动员　　D. 防疫管理

【答案】A

【单选题】社会工作者与某学校协商，每周末向社区老年人开放音乐和美术教室，并请学校老师为老年人开设音乐和美术讲座。这一做法体现了社区教育中的(　　)取向。(真题)

A. 社区老人本位　　B. 学校本位　　C. 社区工作本位　　D. 补偿本位

【答案】B

【单选题】某社区位于城乡接合部，除常住居民外，还有大量外来务工人员，管理和服务未能跟上，社区卫生环境和治安状况不佳。社会工作者希望通过控制式教育改善该社区状况，为此可以采取的做法是(　　)。(真题)

A. 为外来务工人员举办环保讲座　　B. 在社区展览破坏社区环境后果的图片

C. 与社区居民共同分析环境卫生问题　　D. 告知社区居民环境卫生投诉电话

【答案】B

3. 社区治安

项　目	内　容
社区治安	(1)宣传教育：宣传法律政策，帮助社区居民增强法治意识；宣传社会治安防范知识，帮助社区居民建立安全防范意识 (2)协助公安机关开展工作：群防群治的工作；保护案发现场，提供破案线索；协助公安机关开展工作 (3)协助有关部门加强对外来人口的管理：做好宣传工作；建立户口协管队伍；深入了解人口情况，培养社区骨干，及时进行监管 (4)向政府及公安机关反映社区治安动态，针对社区治安管理工作提出意见、建议和要求

4. 流动人口服务

项　目	内　容
流动人口服务	(1)流动人口城市融入相关服务：新市民培训，提高归属感和认同感 (2)流动儿童服务：社区教育、城市融合、青少年健康成长等 (3)流动人口计划生育管理服务：协助流动人口计划生育登记、药具发放、宣传教育等

(二)社区志愿服务

项　目	内　容
社区志愿服务	(1)策划社区志愿服务项目，带领志愿者开展服务 (2)发掘培养志愿者骨干，培育扶持社区志愿服务组织

续上表

项 目	内 容
社区志愿服务	(3)组织开展志愿者培训,提升服务水平 (4)做好志愿者管理,推动志愿服务事业持续发展

二、农村社区社会工作的主要内容(熟悉)

考查年份:2016 年。本考点考查较少,2016 年出了 1 道多选题。主要考查方向:①农村扶贫开发;②农村特殊群体社会服务。

(一)农村社区建设

项 目	内 容
要求	(1)加强资源整合,推进农村社区综合性公共服务设施建设 (2)加强对重点群体的照料、帮扶 (3)促进城乡基本公共服务均等化 (4)将农业公共服务能力建设与农村社区建设相结合
特点	(1)开展农村社区服务试点 ①引导公共服务进入农村社区 ②探索乡镇综合服务中心建设 ③总结发展经验 (2)提升农民素质能力:引导和宣传职业教育 (3)培育发展农村社区社会组织:协助成立各种组织与专业协会

(二)农村扶贫开发

项 目	内 容
农村扶贫开发	(1)执行国家扶贫开发的相关政策,使政策惠及贫困人口 (2)开展促进农村生计发展的社会工作服务项目

母题精选

【多选题】某社会服务机构采用发展型社会工作理念在某贫困农村社区开展服务,实现由“输血式扶贫”向“造血式扶贫”的转变。下列做法中,正确的有( )。(真题)

A. 开办“农夫集市”,实现城乡公平贸易

B. 争取政府对口扶贫单位的资金救助

C. 为最贫困的家庭提供小额贷款发展生产

D. 为社区贫困户向社会筹集救助款

E. 开发“乡村采摘体验游”项目,提高村民收入

【答案】 ACE

(三)农村特殊群体社会服务

考生可以结合儿童和青少年社会工作进行学习。

项 目	内 容
留守儿童	(1)成长服务:根据其身心发展特点及学习、生活需要提供服务 (2)家庭服务:为留守儿童的监护人、照顾者、家长提供培训,增强其照顾能力,改善亲子关系,使沟通交流更为顺畅

续上表

项目	内容
留守儿童	(3)青少年犯罪预防与行为偏差青少年矫治服务 (4)留守儿童社区托管服务:整合资源,动员正式、非正式组织协助开办
留守老人	(1)机构养老服务:完善措施、五保供养 (2)居家养老服务(主要地位):鼓励居家养老机构的兴办;居家养老服务机构,以上门服务为主要形式,提供多元化服务 (3)社区养老:建设农村社区养老设施,开展互助养老 (4)老年人合法权益保障服务:加强法律宣传,增强法律意识;整合资源,为老年人提供法律援助和维权等服务 (5)老年人文化娱乐活动:利用现有设施,组织文娱活动;成立文体组织,鼓励积极参与;开展老年人社区教育,丰富精神文化生活
留守妇女	(1)面临的问题:生产负担重、家庭压力大,精神生活匮乏、幸福指数低,安全隐患大、维权意识弱,能力精力不够、子女疏于教育管理等 (2)服务内容 ①协助开展保健服务:义诊、免费健康检查、宣传医疗卫生保健知识 ②心理健康服务:情绪疏导、心理咨询、互助小组 ③技能训练和创业支持服务(培训班、主题讲座;小额贷款项目,支持创业,引导扶持“农家乐”) ④文化娱乐活动:将法规政策、科技、保健等知识融入娱乐,帮助学习知识,促进互助交流,培养兴趣爱好

考生可以结合老年社会工作进行学习。

考生可以结合妇女社会工作的内容进行学习。

第三节　社区社会工作的主要方法

一、社区社会工作的工作流程(重点掌握)

考查年份:2012～2019年。属于必考点,是本章非常重要的考点,每年会出1～2道的单选题,偶尔会出1～2道的多选题,2017年出了2道单选题和2道多选题。主要考查方向:①需求分析;②社区服务(活动)方案策划;③社区服务(活动)方案执行;④社区服务(活动)方案评估。

(一)社区分析

项目	内容
类型分析	商品住宅区、单位型社区、经济适用房住宅区、老旧小区
基本情况分析	(1)社区的名称、历史 (2)地理位置及其周边生态环境 (3)人口结构:人口数量、性别比例、年龄比例、受教育程度、职业状况等 (4)社区组织或单位资源:学校、医院、商业机构、文化设施、社会福利机构及政府管理机构等
问题分析	(1)社区内共同性问题的分析 (2)社区内群体性问题的分析

续上表

项　目	内　容
需求分析	(1)感觉性需求:感受或意识到,且用语言表述出来的需要 (2)表达性需求:把自身的感受通过行动表达出来的需要 (3)规范性需求:专家学者、专业人士、政府行政官员评估决定的需求 (4)比较性需求:将所得到的服务与其他类似社区进行比较,认为有差别的需求

母题精选

【单选题】为响应政府“社会组织积极参与精准扶贫”的号召,某社会工作服务机构拟在绿村开展扶贫工作。为此,机构邀请相关领域专家来绿村进行需求评估。该机构此举是为了了解绿村的(　　)需求。(真题)

A. 感觉性　　B. 规范性　　C. 表达性　　D. 比较性

微信扫描

【答案】B

【单选题】为了进一步落实国家《乡村振兴战略规划(2018~2022)》,某农村社区召开村民大会,鼓励村民献计献策、共商本村振兴举措。一位村民发言说:“邻村驻村的第一书记带领村民发展生态有机农业,并建立了网上农产品销售平台,引领农民脱贫致富奔小康。咱们村也应借鉴他们的经验,走致富之路。”根据布雷德绍的社区需求分类方法,这位村民表述的是(　　)需求。

A. 感觉性　　B. 表达性　　C. 规范性　　D. 比较性

微信扫描

【答案】D

【多选题】社会工作者在分析社区需求时,要区分4种需求的类型:感觉性的需求、表达性的需求、规范性的需求和比较性的需求,下列表述中,属于感觉性需求的有(　　)。(真题)

A. 残疾人反映说“我们需要有一个康复训练室”

B. 老年人反映说“我们希望有一个老年人健身活动中心”

C. 社区建设专家说“社区需要一个健康教育中心”

D. 所有的居民反映“我们社区卫生室的医疗水平和设施都不如其他社区”

E. 卫生部门的人说“社区卫生服务要硬件、软件两手抓”

微信扫描

【答案】AB

(二)社区服务(活动)方案策划

步　骤	内　容
策划前分析	(1)服务对象的分析 (2)问题的分析 (3)服务的逻辑推进步骤分析:界定和确认问题→确认目标→选定评估指标→寻找可行方案→计算各方案的成本(人力、物力、时间)→计算每个方案的成效→比较分析
策划过程	(1)确认社区需求:根据需求分析确认 (2)了解居民或服务对象的特征

续上表

步　骤	内　容
策划过程	(3)订立工作目标。目标包括:界定方案的服务对象、列出服务内容、表达期望服务的成效 (4)评估自身的能力:服务机构的能力(人、财、物的配置和合理的时间安排)、工作人员的能力(专业的知识和技能) (5)制订工作进度表:开始、推行、评估三阶段要完成的工作及其完成期限 (6)程序编排:设计与目标相关的活动,根据时间、目标、场地、资源等进行编排

母题精选

【单选题】社会工作者在策划扶贫项目时,设计了多个可行方案,在计算每个方案的人力、物力和时间成本之后,下一步应做的是(　　)。(真题)

A. 再次确认问题　　B. 寻找各自可行的方案

C. 确定评估指标　　D. 预估每个方案的成效

微信扫描

【答案】D

【多选题】为了促进社区居民有效实施垃圾分类,社会工作者小王计划开展相关知识培训,提升社区居民的环保意识。在培训开始之前,小王要对自己及所在机构的能力进行评估,评估的内容有(　　)。(真题)

A. 评估自己"垃圾分类"方面的专业知识和技能

B. 评估机构能够投放的人力和财力资源是否充足

C. 预测自己在此活动中可能遇到的困难

D. 评估机构在开展此类活动方面具有的优势和不足

E. 制订合理的工作进度表

微信扫描

【答案】ABCD

【单选题】某社会工作机构计划在社区开展针对老年人的健康教育活动。在服务策划阶段,社会工作者需要做的是(　　)。(真题)

A. 了解老年人的人数及健康状况

B. 根据老年人身体状况安排活动场地

C. 招募志愿者为老年人开展健康讲座

D. 了解老年人对健康教育活动的满意度

微信扫描

【答案】A

【单选题】某机构于春节前在A社区托儿所开办了日间托老所,3个月来很少有人入住。在评估项目时,居民们反映托老所收费太贵,还不如住在家里舒服。根据居民反映的意见,该项目在策划过程中存在的主要问题是(　　)。(真题)

A. 开办时间不合理　　B. 服务内容不明确

C. 服务地方不舒适　　D. 服务与需求不匹配

微信扫描

【答案】D

(三)社区服务(活动)方案执行

项　目	内　容
筹备阶段	(1)经费筹措 (2)人力安排 (3)场地安排 (4)服务宣传推广
服务或活动阶段	(1)预算管理(清楚地记录收入和支出) (2)时间进度管理(整个服务安排的期限管理、各个阶段进展的时间管理、服务进行环节的时间管理) (3)服务品质管理 (4)士气激励和提升(口头表扬、墙报表扬)
结束阶段	(1)经费报销 (2)服务资料及时归档 (3)对专业社会工作者和志愿者进行表彰 (4)服务成效进行评估

母题精选

【多选题】社会工作者小王针对社区青少年的需求,开展了一系列社区服务活动。在服务执行阶段,小王开展的工作应包括(　　)。(真题)

A. 了解青少年喜爱的文体活动类型

B. 对开展的文体活动设置合理的时间表

C. 及时开展青少年服务活动的成效评估

D. 为表现突出的志愿者制作光荣榜对其进行表彰

E. 详细记录活动的收入支出明细,做好资金管理

【答案】 CDE

【单选题】社会工作者小宁为社区的老年人开展了防诈骗宣传教育的系列活动,旨在帮助他们提升防范意识,增强自我保护能力。在该活动的实施阶段,小宁除了需要做好预算管理、时间进度管理和服务品质管理外,还应该(　　)。(真题)

A. 评估系列活动的成效　　B. 制订活动实施计划

C. 提升志愿者的工作热情　　D. 调查老人受骗情况

【答案】 C

【单选题】某社区服务机构为该社区残障人士及特困家庭提供服务。下列工作中属于时间进度管理方法的是(　　)。(真题)

A. 计算该活动中政府拨款和社会捐赠资金总额

B. 3 个月内教会 30 名智障人士手工制作肥皂技能

C. 提供联系方式以便服务对象能随时找到社会工作者

D. 通过张贴光荣榜等形式表彰优秀志愿者

【答案】 B

(四)社区服务(活动)方案评估

项　目	内　容
目的	(1)了解社区服务(活动)是否达到了预定目标及服务对象的满意度 (2)了解服务(活动)推行过程中存在的优缺点
方法	(1)定量评估:用数字表现评估结果;服务对象选择评估者事先预设的答案 (2)定性评估:用文字表达评估结果;归纳总结服务对象的意见和看法
内容	(1)方案成效评估:定量评估(问卷调查法,调查活动后的满意度);定性评估法(深度访谈、观察、文件档案整理方法) (2)方案过程评估:一般只能采取定性评估法(总结方案的设计、筹备、进行和结束阶段的基本情况)

母题精选

【多选题】某社会工作服务机构在社区开展了为期一年的"减灾小课堂"项目,旨在提升社区居民防灾减灾的意识与能力。项目结束后,社会工作者对该项目进行成效评估,评估内容应包括(　　)。(真题)

A. 查阅居民上课签到册　　B. 社区居民对项目的评价

C. 查阅项目的图片、文字记录　　D. 调查社区居民对项目的满意度

E. 了解社区居民对减灾技能的掌握情况

【答案】 BDE

【单选题】在"6・26"国际禁毒日,社会工作者小刘组织同伴教育者和志愿者为社区居民开展了几场禁毒知识讲座。为了对讲座的成效进行结果评估,小刘需收集的资料是(　　)。(真题)

A. 居民掌握禁毒知识的程度　　B. 同伴教育者的表现

C. 居民的参与率　　D. 居民的互动情况

【答案】 A

【单选题】某社区开展了为期一年的预防艾滋病健康教育活动。活动结束后,评估人员从不同层面对活动进行了评估。下列内容中,属于过程评估的是(　　)。(真题)

A. 艾滋病基本知识的知晓率　　B. 相关人群对该活动的满意度

C. 该活动对其他社区产生的影响　　D. 健康教育培训内容和培训方式的适当性

【答案】 D

二、社区社会工作的主要方法(重点掌握)

考查年份:2012～2019年。属于必考点,且是重要考点,每年会出1～4道单选题,偶尔还会出1道多选题。主要考查方向:①资源链接的方式;②推动居民参与的形式、影响因素和策略;③建立社区支持网络。

(一)资源连接

项　目	内　容
含义	可以被社区运用为社区居民服务的一切的人力、物力、财力、文化和组织等资源

续上表

项 目	内 容
类型	(1)人力资源(社区居委会成员、社区居民骨干、社区志愿者、居住在社区的知名人士等) (2)物力资源(室内外活动场地、活动设备、器材、工具等) (3)财力资源(政府财政拨付经费、辖区企事业单位赞助经费、各种社会捐赠以及活动收费等) (4)组织资源(基层政府、辖区内的企事业单位、社会团体、各类互助性和互益性居民小组等) (5)文化资源(文化遗产、文化活动等)
连接方式	(1)资源整合:整合既有资源和争取更多资源,形成功能上的互补与互依;包括社区内组织之间协调、合作的过程 (2)资源共享:相邻社区共同合作、双方受益 (3)资源流通:资源弹性使用,保证使用效率

母题精选

【单选题】某小区的"夕阳红服务队"和"4点半学堂"在社区内有着良好的声誉。为了促进参与式社区治理,社会工作者小林策划由"夕阳红服务队"的助老志愿者和"4点半学堂"的孩子们共同到社区老年人服务中心,与那里的老人一起开展联欢活动。小林采用的社区资源连接方式是( )。(真题)

A 资源整合 B 资源共享 C 资源开发 D 资源流通

【答案】 A

(二)推动居民参与

项 目	内 容
层次和形式	(1)告知(最低层次参与):"自上而下"的沟通过程 (2)咨询(征求):征求意见,并在规划修订时考虑其提出的意见 (3)协商(讨论商议):讨论计划内容,但限定了议题范围和参与者的决策权 (4)共同行动(分工合作):共同决策、分配任务、共担责任、分工合作 (5)社区自治(最高形式的参与):"自下而上"的参与过程
影响因素	(1)参与价值。居民的态度包括:不关心(参与社会事务的倾向较低)、自责(认为问题产生是因为自己无能)、无用感(认为自己的参与并不能改变目前的状况) (2)参与意愿(参与动机):受主客观因素控制 (3)参与能力。影响因素:时间和金钱、知识与技巧

考试时,通常是给出一个案例,让考生分析案例中做法属于推动居民参与层次和形式中的哪一项。

续上表

项　目	内　容
推动策略	(1)促进社区居民对参与价值的肯定:社区教育、社区宣传 (2)提升社区居民的参与意愿:家人与朋友的影响、社区事务的相关性 (3)提高社区居民的参与能力:进行参与知识和技巧的培训、妥善处理时间与资源的缺乏问题 (4)建立独立自主的基层组织,培养居民骨干领导推动组织发展 (5)借助媒体舆论工具,要求相关部门做出调整

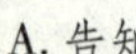

母题精选

【单选题】某社区为解决停车位严重不足的问题,决定建设立体停车场,相关部门已就停车场的选址、建设方案、开工时间、资金问题以及后续管理等拟定了详尽的计划。为征求居民意见,居委会的社会工作者将计划张贴在社区的几处重要位置。社会工作者上述做法,属于推动居民参与方式中的(　　)。(真题)

A. 告知　　B. 咨询　　C. 协商　　D. 共同行动

【答案】B

【单选题】为了解决社区中存在的"破墙开店"难题,社会工作者带领社区居民多次召开"议事会"。每次开会时,居民都积极发言,但讨论过程中各执己见,争论不休,未能达成共识。针对这种情况,社会工作者应采取的策略是(　　)。(真题)

A. 提高社区居民的参与能力　　B. 提升社区居民的参与意愿

C. 促进社区居民对参与价值的肯定　　D. 增加社区居民的参与信心

【答案】A

【多选题】某社区位于城郊接合部,大部分居民忙于自己的事,对社区事务漠不关心,也有的居民认为自己是老百姓,关心了也不起作用。针对此情况,社会工作者希望促进社区居民对参与价值的肯定。社会工作者可以做的工作有(　　)。(真题)

A. 举办社区历史图片展,调动居民参与社区文化建设

B. 提供适当的资金支持与补助

C. 开展参与知识和技巧的培训,提高参与能力

D. 策划志愿服务项目,促进居民参与邻里互助

E. 根据社区居民的要求,安排适当的开会时间和地点

【答案】AD

【单选题】某老旧社区的卫生环境和交通状况问题严重,该社区的社会工作者决定通过"共同行动"的方式激发和推动居民参与"重塑社区环境"活动,改变社区的卫生和交通状况,社会工作者适宜的做法是(　　)。(真题)

A. 告知居民重塑社区环境的目标

B. 请居民共同设计和决定重塑计划

C. 告知居民重塑社区计划的实施方案

D. 社区自己决定是否需要重塑社区环境

【答案】B

（三）建立社区支持网络

策略	内容
个人网络	集中服务对象个人的现存的有联系且有支持作用的成员，动员关系密切的重要人物提供支援，维持和扩大社交关系和联系
志愿者联系网络	用于社区中拥有极少个人联系的服务对象，与志愿者建立一对一帮助关系
互助网络	将面对相同问题或具有相似兴趣、能力的人聚合在一起，互助互援，增强解决问题的能力
邻里协助网络	邻里、社区商店员工、物业公司职工、保洁员、保安员在对服务对象提供支援中扮演着重要角色。邻里协助网络可以强化邻里和服务对象之间的联系，发展互助着性支持，减低正规服务的烙印效果

考试时，通常会给出一个案例，让考生分析题目中的支持网络属于哪一种支持网络。

母题精选

【单选题】社会工作者小王在社区开展关爱高龄老人的服务。经过需求评估，小王在计划书中设计的具体干预措施之一，是发动所在社区中的邻里、物业公司职工、保洁员等共同为社区内高龄老人提供支持。上述干预措施旨在建立社区居民关爱高龄老人的（　　）。（真题）

A. 个人网络　　B. 邻里协助网络

C. 志愿者联系服务　　D. 正式支持网络

【答案】 B

章节练习

用手机微信扫描【章节练习】旁的二维码或用电脑浏览器打开 https://shegong.ek100.cn/ 即可进入智能题库进行章节练习。

第十三章　医务社会工作

本章应试分析

本章主要介绍了医务社会工作的相关内容。在历年考试中，本章涉及分值约为7分，近几年考试分值比较稳定，通常会有4～5道单选题，1～2道多选题

考生在学习本章内容时，需要将医务社会工作的主要内容和主要方法结合起来进行理解。

思维导图

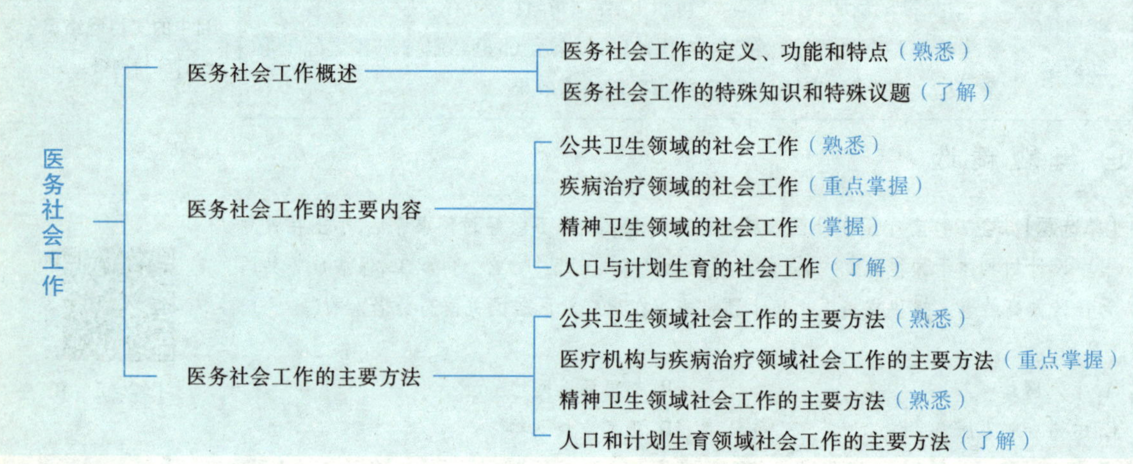

名师同步精讲

第一节　医务社会工作概述

一、医务社会工作的定义、功能和特点（熟悉）

项　目	内　容
定义	（1）狭义的医务社会工作：在医疗保健机构中围绕疾病的诊断、治疗与康复过程所展开的社会工作专业服务 （2）广义的医务社会工作：在协助病人及其家庭解决与疾病相关的社会、心理问题的同时，注重对影响健康的社会心理因素的探索和开发，并且利用社区与社会的资源，推进医疗保健与社会福利的整合，促进对疾病的预防，保护公众健康
功能	（1）诊断与评估（诊断病人及其家庭的问题和需要，制订解决问题的计划、评估疾病对病人的职业、日常生活和情绪的影响）

名师指导

考查年份：2012年。本考点考查较少，2012年出了1道单选题。主要考查方向：医务社会工作的定义与功能。

续上表

项　目	内　容
功能	(2)咨询与辅导(社会适应、危机干预、心理辅导和社会资源方面的咨询) (3)寻求与整合资源(寻找资金、实物和服务资源,协助完成申请程序,利用媒体帮助获得必要资源协助解决问题) (4)政策和服务倡导(促进医院的政策、措施和服务的改善,推动医院内相关组织工作的完善) (5)多专业协调与合作(与医院、社区机构人员合作)
特点	(1)与医疗卫生体系相融合 (2)以服务对象的健康为主导 (3)以病人为中心 (4)服务规范的专业化

二、医务社会工作的特殊知识和特殊议题(了解)

本考点2012年以后未考过,考生了解即可。

项　目	内　容
特殊知识	(1)人类行为发展理论 (2)基本医疗知识和医学知识 (3)疾病的社会心理反应知识
特殊议题	(1)隐私保护(包括疾病咨询、病历记录等) (2)有限资源的有效利用 (3)安乐死 (4)药物或临床研究必须遵守相关不伤害和告知原则

第二节　医务社会工作的主要内容

一、公共卫生领域的社会工作(熟悉)

考查年份:2013年,2019年。本考点考查较少,2013年和2019年各出了1道单选题。主要考查方向:公共卫生领域的社会工作的主要内容。

项　目	内　容
主要内容	(1)强调初级预防层面的干预 (2)通过社区干预,减少残疾的发生和院舍化照顾 (3)与专业人员合作,确保所有的目标人群都能够获得健康照顾和社会服务
社会工作者角色	直接服务提供者、研究者、咨询者、管理者、项目计划者、评估者和政策制定者

二、疾病治疗领域的社会工作(重点掌握)

(一)慢性疾病与长期照顾的社会工作

1. 糖尿病社会工作

项目	内容
需求分析	疾病的认知需要、对疾病和治疗的适应需要、心理情绪的支援需要、家庭支持网络的支持需要、出院照顾需要
服务内容	(1)医疗适应 ①协助服务对象认识了解病情和治疗方式 ②鼓励服务对象接受病情和治疗措施 ③协助服务对象适应病情和治疗 ④鼓励服务对象向医护人员了解病情及其治疗情况 ⑤向医护人员反馈服务对象的需求,提高治疗依从性 (2)疾病认知 ①对服务对象进行健康指导 ②矫正服务对象对疾病和治疗的认知不足和认知偏差 (3)心理情绪支援:为服务对象的情绪困扰提供情绪支援 (4)家庭支持网络 ①为服务对象及其家属提供资源,解决家庭因疾病引起的困扰 ②为家庭提供社会心理支援 (5)出院照顾 ①协助服务对象学习疾病自我管理能力 ②协助家属学习照顾患者的能力 ③连接社区医疗资源,为服务对象制订出院计划

考查年份:2012 ~ 2019 年。属于必考点,本考点每年至少出 2 道题(其中有 1 道单选题,另一题可能是单选题也可能是多选题),2017 年出了 3 道单选题,2015 年出了 3 道单选题和 1 道多选题。主要考查方向:①糖尿病社会工作的服务内容;②急诊室社会工作的服务内容;③妇产科医务社会工作的服务内容;④儿童医务社会工作的服务内容;⑤肿瘤治疗康复与纾缓疗护社会工作服务对象的需求分析与社会工作者的服务内容。

学习慢性疾病患者的需求时,可以将 4 项疾病对比学习;而对于服务内容,则可以结合本章第三节的“针对慢性疾病患者与长期照顾者的主要社会工作方法”进行学习。

母题精选

【多选题】程大爷患有糖尿病和高血压 20 余年,一个月前因糖尿病并发症入院治疗。程大爷的病情有所好转,即将出院。为了跟进治疗,医院的社会工作者与医生合作为程大爷设计了家庭医疗服务方案。下列有关家庭医疗服务的做法中,属于社会工作者工作范围的有(　　)。(真题)

A. 评估程大爷及其家庭的需要
B. 为程大爷介绍社区医疗服务资源
C. 协调医务人员定期进行探访
D. 为家庭照顾者提供护理知识培训
E. 为家庭照顾者提供关怀和支持

【答案】 ACDE

2. 心脏病社会工作

项目	内容
需求分析	疾病的认知需要、对疾病和治疗的适应需要、心理情绪的支援需要、家庭支持网络的支持需要、出院照顾需要

续上表

项目	内容
服务内容	根据服务对象的需求，提供全面的服务，提高患者对治疗的依从性，缓解患者及其家庭的压力

3. 终末期肾病社会工作

项目	内容
需求分析	疾病的认知需要、对疾病和治疗的适应需要、心理情绪的支援需要、家庭社会支持网络的需要、出院照顾需要、处理多种损失的需要、姑息治疗的需要和临终关怀的需要
服务内容	(1)评估患者的心理社会状态，确认患者的需要、优势以及需要干预的领域 (2)提供咨询和教育的工作，为患者提供情绪支援，鼓励患者依从治疗方案 (3)处理患者接受透析和移植过程中出现的冲突(危机干预) (4)提供临终关怀 (5)为患者及家属提供与疾病治疗有关的资源和信息(个案管理) (6)为患者连接康复资源，开发和管理有关康复的服务(康复的辅助) (7)与医疗团队合作，共同为患者提供服务，培训其他医疗专业人员心理社会议题方面的知识(团队合作) (8)为患者的需求作倡导(在医疗机构、社区机构以及宏观层面)

4. 艾滋病社会工作

项目	内容
需求分析	疾病的认知需要、对疾病和治疗的适应需要、心理情绪的支援需要、家庭支持网络的支持需要、出院照顾的需要
服务内容	根据服务对象的需求，提供全面的服务，提高患者对治疗的依从性

母题精选

【单选题】小明被诊断出患有艾滋病，不知如何让家人和伴侣知晓此事，因而感到很苦恼，为此，小明来求助社会工作者小张。此时，小张应采取的介入措施是(　　)。(真题)

A. 协助小明正确认识艾滋病

B. 与小明一起探索告知的方法

C. 与小明家人沟通，提供支持

D. 鼓励小明接受自己生病的现实

【答案】 B

(二)急诊室的社会工作

考生可以结合本章第三节"急诊室主要的社会工作方法"进行学习。

项　目	内　容
必要性	(1)病患及其家属的心理危机干预的需要:患者及其家属情绪波动剧烈、精神压力大,医护人员无暇顾及其情绪,需要社会工作者为其提供心理辅导和哀伤辅导,关注其需求,缓解心理危机 (2)医疗团队及其成员的需要:急诊室容易出现紧张、高压甚至混乱的情境;节奏快、问题集中,需要工作人员准确判断、反应迅速、处理果断;医护人员生理心理压力大,难以顾及患者及家属的心理及情绪 (3)急诊管理的需要:医院资源有限,需要将部分患者转至其他部门或医院;对特殊病人需要提供基本生活支持、连接社会资源,提高急诊工作效率,提升医疗品质
服务内容	(1)支持患者及其家庭 ①整合社会资源,协助患者及其家属 ②缓解患者及其家属的心理情绪,转介追踪无法在急诊室处理的病人 ③帮助患者及其家属获取社会资源和社会支持 (2)协助配合医护人员 ①帮助医护人员详细了解患者的各方面信息,为治疗提供资料 ②为医护人员提供心理辅导支持服务,克服因情绪导致的工作倦怠 (3)协调急诊管理 ①提升急诊的服务质量,促进医院沟通协调 ②构建良性医患关系沟通渠道,获得社会的理解和支持,发现预防医疗纠纷

母题精选

【单选题】老王因急性心肌梗死住进监护病房,经医护人员全力抢救,暂时转危为安。近日,老王病情不稳定,心情沮丧,没有食欲,影响了治疗。因此,医生请社会工作者小赵前来协助工作。面对老王的情况,小赵首先应该采取的措施是(　　)。(真题)

A. 与营养科联系,为老王提供特殊餐饮

B. 召开家庭会议,商讨老王的照顾事宜

C. 舒缓老王情绪,促进其对疾病治疗的适应

D. 介绍老王参加患者小组活动,增进其与病友的互动

【答案】 C

【单选题】医务社会工作者在急诊室可提供的服务是(　　)。(真题)

A. 鼓励患者使用自我管理的方法

B. 帮助患者进行治疗依从性管理

C. 配合医疗需要,帮助患者及家属获取资源

D. 介入医疗过程,帮助医务人员舒缓压力

【答案】 C

【单选题】患者老吴听完医生对其治疗方案的解释后感到不满，向医院相关科室投诉，认为医生并没有完全掌握其病情资料，特别是前期治疗出现的情况。此时，社会工作者恰当的介入应是（　　）。（真题）

A. 鼓励老吴咨询其他医生意见　　B. 告诉老吴治疗方案没有问题

C. 向医生转告老吴的不满　　D. 协助医患双方再次沟通交流

【答案】D

【单选题】某地区医疗中心重症医学科李主任已有20年的工作经历，抢救过很多危重病人。由于长期的能量透支和巨大的工作压力，李主任最近出现了严重的身心不适，常说"我感觉自己很失败，做不了手术了。"这种状态影响到了他的正常工作。面对李主任这种情况，医务社会工作者首先应采取的措施是（　　）。（真题）

A. 策划李主任的家庭会议，增强他的家庭动力系统

B. 进行个案干预，舒缓压力，调整自我认知

C. 组织举办重症室医生支持小组，进行群体减压

D. 推动医院建立一线骨干医生强制轮休制度

【答案】B

【多选题】急诊室收治了一名从高处跌落而昏迷不醒的5岁男孩，在询问病史时，男孩的母亲语无伦次，护士发现男孩身上有多处旧伤，便请来了社会工作者。社会工作者走访了男孩的父母、亲戚、邻居、居委会和幼儿园，社会工作者此举的目的是（　　）。（真题）

A. 诊断男孩的受伤程度　　B. 预估男孩的治疗结果

C. 评估男孩环境中的风险因素　　D. 了解男孩成长经历

E. 了解男孩的家庭环境

【答案】CDE

（三）妇产科医务社会工作

项　目	内　容
常见问题	疾病适应问题、心理的调试问题、经济问题、情绪问题、家庭问题
主要服务内容	（1）协助患者及其家属了解其病情和治疗计划 （2）帮助疏导患者及其家属的情绪 （3）协助患者适应病情 （4）通过病友团体提供支持 （5）协助申请医疗费的减免和社会资源

考生可以结合本章第三节"女性病患的医务社会工作方法"进行学习。

母题精选

【单选题】某医院妇产科因孕妇家属不愿排队发生了殴打医护人员的恶性事件，医务社会工作者到现场后，首先应采取的措施是（　　）。（真题）

A. 安抚孕妇家属的情绪　　B. 向医生了解孕妇的情况

C. 协助安排孕妇尽快进行检查　　D. 向医院领导汇报，并通知警务室和保安

【答案】A

(四)儿童医务社会工作

项 目	内 容
常见问题	(1)患者群体的问题:生理不适;脱离熟悉的生长环境;与朋辈群体分离;活动范围受限;焦虑、恐惧、抑郁等心理问题;攻击性行为、社交障碍、自杀等行为问题 (2)照顾者群体的问题:焦虑、自责等心理问题;夫妻关系问题;家庭经济负担问题;缺乏恰当的问题应对方式;照顾能力不足
服务内容	(1)对儿童患者 ①帮助儿童认识疾病,适应医院环境和治疗过程,降低其对于疾病、医院和治疗的恐惧感 ②采用适合的社会工作方法,与患者建立良好的专业关系 ③通过促进患者情感的表达,帮助其缓解因疾病产生的心理和行为问题 (2)对照顾者 ①帮助处理情绪问题,提高照顾者的能力 ②采用家庭治疗的方式处理家庭成员的关系 ③整合社区资源,帮助减轻照顾和经济压力,构建支持系统

母题精选

【单选题】医务社会工作者发现,许多唇腭裂患儿渴望与同伴玩耍,但家长大多因担心孩子被别人嘲笑而不让其出门玩耍,孩子为此哭闹,家长常束手无策。这种情况说明这些家长既对孩子过度保护,又不知如何安抚孩子的情绪。针对这些家长的问题与需要,医务社会工作者适宜的做法是(　　)。(真题)

A. 帮助家长处理情绪问题

B. 提升家长照顾患儿的能力

C. 帮助处理家庭关系问题

D. 构建患儿的社会支持系统

【答案】 B

(五)肿瘤治疗康复与纾缓疗护社会工作

项 目	内 容
需求分析	情绪疏导与心理支持的需要、良好稳定的沟通关系的需要、经济资源整合协助的需要、整合生命的意义与心愿的实现的需要、哀伤辅导的需要
服务内容	经济资源协助、情绪的辅导、协调医患沟通、社会福利咨询、出院安置计划、家属哀伤辅导等

纾缓疗护不同于临终关怀,它贯穿于整个肿瘤的治疗过程,需要跨专业团队的合作。

母题精选

【单选题】王阿姨的女儿小惠10岁，患有白血病，骨髓移植手术失败后病情恶化，医生将其转入纾缓疗护病房。此时，社会工作者应提供的服务是(　　)。(真题)

A. 提升家属的医护能力　　B. 提升家属对孩子治愈的信心

C. 协助家属寻找更多的治疗资源　　D. 协助家属完成患者心愿

【答案】D

【单选题】老张是一个癌症晚期患者，医生通知家人为老张做好料理后事的准备。老张每天经受病痛的折磨，感到生活没有意义。社会工作者小林通过倾听老张上山下乡的辉煌经历、帮助其整理老照片以"统整人生"，并协助其安排后事。小林所提供的是(　　)服务。(真题)

A. 社会照顾　　B. 临终关怀　　C. 危机干预　　D. 纾缓疗护

【答案】B

三、精神卫生领域的社会工作(掌握)

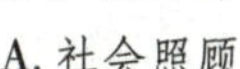
考查年份：2012年，2014~2015年，2019年。属于常考点，一般会出1~2道单选题。主要考查方向：①社会工作者在精神卫生领域的角色；②精神卫生领域社会工作的主要内容。

(一)心身疾病的致病成因与防治方法

项　目	内　容
致病成因	生物学因素、生活方式与行为习惯、心理应激和情绪因素、认知因素、个性特征、人际关系和社会因素
防治方法	(1)帮助患者提高自尊，促进不良情绪的转化，改变不合理认知和不适应行为 (2)鼓励患者学习健康行为、建立健康生活方式，提高其应对应激事件的能力 (3)帮助患者重新适应社会，提高生活质量 (4)加强健康教育，改变传统观念，促进其主动参与治疗

(二)社会工作者在精神卫生领域的角色

项　目	内　容
角色	(1)微观层面：诊断者、辅导者、教育者、倡导者、转介者、协调者 (2)宏观层面：行政者、推动者和研究者

(三)精神卫生领域社会工作的主要内容

项　目	内　容
主要内容	(1)针对住院患者：住院适应、心理支持、治疗方法整合 (2)针对精神病患者家属：减轻照顾者的压力、获得精神疾病知识辅导和支持 (3)针对社区精神康复：普及精神健康知识、开展康复训练、社区资源连接、提供咨询、开展转介工作

母题精选

【单选题】赵女士多年前曾患有精神方面的疾病，近期出现幻听、幻视、幻嗅并有轻度暴力倾向。入院治疗 3 个月后，赵女士身体各方面指标趋于稳定，准备出院，并回到社区接受社区康复服务。针对赵女士这种情况，医务社会工作者首先应做的是（　　）。（真题）

A. 普及精神卫生知识，改善社区康复环境

B. 对其父母进行康复指导，方便进行家庭治疗

C. 与精神病社区康复中心医生联系，保证治疗连续性

D. 联系社区志愿者，完善社区支持系统

【答案】 C

四、人口与计划生育的社会工作（了解）

本考点考查较少，暂时未考过。

项　目	内　容
常见问题	生育、避孕、怀孕、不育、生产、优育和其他情绪问题
服务内容	婚前咨询、妊娠咨询、避孕咨询、流产咨询、不育咨询、疾病传播咨询、艾滋病教育与咨询、家庭和睦咨询、优生优育倡导等

第三节　医务社会工作的主要方法

一、公共卫生领域社会工作的主要方法（熟悉）

考查年份：2012 年。本考点考查较少，2012 年出了 1 道单选题。主要考查方向：公共卫生领域社会工作的主要方法。

项　目	内　容
个案工作	（1）对开始实施疾病康复计划的个人和家庭提供临时救济 （2）帮助新市民家庭安家和重聚，协助获取基本生活物资 （3）对残疾或有心理和生理健康问题的个人提供特殊协助 （4）帮助重症精神疾病患者回归社区，恢复社会功能
小组工作	（1）健康生活方式和干预危险因素的健康教育 （2）慢性疾病的管理、康复和疾病适应 （3）孕妇减压小组和孕期健康知识教育小组
社区工作	（1）是公共卫生服务最常用的方法 （2）通过健康教育与宣传、预防接种、健康管理等服务，在社区倡导健康理念
项目管理	（1）研究和收集资料发现公共健康方面的问题，在公共卫生场所宣传健康观念 （2）促进社区居民在公共卫生领域的被赋权和增值，与社会服务机构建立良好的伙伴关系

二、医疗机构与疾病治疗领域社会工作的主要方法(重点掌握)

> 考查年份:2013 年,2016～2019 年。基本属于必考点,一般会出 1 道单选题或者 1 道多选题,2017 年出了 2 道单选题和 1 道多选题。主要考查方向:①针对慢性疾病患者与长期照顾者的主要社会工作方法;②急诊室主要的社会工作方法。

(一)针对慢性疾病患者与长期照顾者的主要社会工作方法

项　目	内　容
个案管理	(1)社会心理评估:对患者的社会心理状况、医疗适应、家庭社会支持系统以及经济状况做全面的评估,发掘其优势 (2)治疗依从性管理:①评估和界定依从治疗的问题;②制订治疗方案;③尝试促进行为的改变(治疗目标转化为行为目标、鼓励患者使用自我管理的方法、教会患者预防高危状况)、激活社会支持、促进家庭成员共同承担责任;④维持患者的依从(教授如何应对失误;跟进患者、随时提供支持) (3)压力管理 ①通过咨询,帮助患者及家庭辨明压力来源,认知压力的表现 ②采取综合干预方法 ③对患者和照顾者进行评估和干预 ④为患者及家属提供心理情绪支持、连接社会支持,纾缓其压力 ⑤进行以冥想为基础的减压课程、心理疗法、锻炼和放松训练
小组工作	(1)沟通技能训练 ①与医护人员及患者在小组工作中分享提高沟通能力的基本原理和技巧 ②协助并鼓励患者及家属学习沟通技巧 (2)健康教育 ①邀请医护人员以小组形式向患者教授有关疾病、治疗方法、生活方式等的知识 ②邀请患者及其家属学习疾病的自我管理方法,鼓励患者参与治疗方案的协商,与医生一起承担治疗方案的责任,提升其对疾病的控制能力

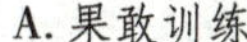

母题精选

【单选题】社会工作者小李正在为心身疾病患者制订减压小组工作方案,督导者老张提醒小李,在小组中除了安排转化患者的不良情绪,改变他们的不合理认知等内容之外,还应安排(　　)加以配合。(真题)

A. 果敢训练　　B. 敏感性训练　　C. 放松训练　　D. 沟通技巧训练

【答案】C

【多选题】张大爷患糖尿病多年,医生嘱咐他定期到医院复诊并加强饮食控制。但张大爷一方面害怕糖尿病加重,另一方面又不愿意改变现有的生活习惯,老伴劝说也不听。无奈之下,老伴向社会工作者小林求助,小林经评估后决定要提高张大爷的治疗依从性。此时,小林适宜的做法包括(　　)。(真题)

A. 联系社区医生提供定期随诊服务
B. 鼓励老伴加强对张大爷的饮食控制
C. 在张大爷所在社区开展糖尿病健康讲座
D. 邀请张大爷参加糖尿病病友支持小组活动
E. 鼓励张大爷通过多运动以控制血糖水平

【答案】BCDE

【多选题】王阿姨患有糖尿病，但她对自己的疾病认知不足，既不注意锻炼，也不控制饮食，出现了严重的并发症而住院治疗。王阿姨的女儿埋怨母亲平时不注意饮食健康，母女间时有冲突，王阿姨的情绪受到影响，不配合治疗。为了协助王阿姨增进治疗依从性，社会工作者可以提供的服务包括(　　)。(真题)

A. 界定王阿姨在治疗依从性上存在的问题

B. 为王阿姨提供所需医疗知识，帮助其确定治疗方案

C. 协助王阿姨将“治疗目标转化为行为目标”，合理控制饮食

D. 为王阿姨提供以冥想为基础的减压课程

E. 鼓励王阿姨和女儿表达各自的情绪，加强家庭的情感支持

【答案】 ABCE

(二)急诊室主要的社会工作方法

项　目	内　容
常见问题	应激障碍症、心理—社会反应、哀伤
主要方法	(1)危机干预:缓解最急迫的问题，包括因病理因素或社会因素所引发的困境 (2)出院准备服务:保证患者能够得到连续性的照护，排除出转院可能面临的风险事故 (3)社会心理评估:发现患者的潜在需求，协助获得全面服务 (4)咨询服务:协助病患及家属详细了解相关权益或服务方式，促进良好的医患沟通

母题精选

【单选题】120急救车将一名晕倒的老大爷送到医院急诊科，老大爷清醒后，医生建议其接受全面的医疗检查，但老大爷拒绝，医生请社会工作者小张前来协助工作。此时，社会工作者小张首先应做的是(　　)。(真题)

A. 帮助老大爷减免医疗费用　　B. 尽快联系老大爷的家人

C. 劝说老大爷尽快接受检查　　D. 询问老大爷发病时的详细情况

【答案】 D

(三)女性病患的医务社会工作方法

项　目	内　容
个案工作	(1)为患者提供情绪支持、缓解紧张情绪 (2)与医生沟通，了解患者的身体状况、治疗方案等相关事宜，帮助医生理解患者的语言和行为 (3)鼓励患者与医生沟通其治疗方式和选择该治疗方式的原因，增强其治疗依从性，改善负面情绪 (4)推荐患者加入支持性小组，根据患者的需要，进行资源连接，帮助患者制订出院后计划

续上表

项　目	内　容
小组工作	包括教育小组、成长小组、支持小组、心理治疗小组、任务小组 其中支持小组是由有相同问题或经验的人组成的，重在分享经验、知识与技巧，探索疾病因应策略，处理负面情绪，增强面对疾病的信心

（四）肿瘤与纾缓疗护的社会工作方法

项　目	内　容
肿瘤/癌症患者的社会工作方法	（1）进行社会心理评估，了解其自身的需求 （2）社会心理评估维度主要包括心理情绪反应、人际关系的状况、角色功能转变、经济资源系统和生命意义的探索
纾缓疗护的方法	纾缓疗护社会工作的目的是改善生理、心理、社会功能的适应不良 （1）协助患者及其家属参与到服务计划中，提出问题，做出决策，以澄清需求并排列出重要事项 （2）获取信息和资源 （3）调解家庭问题，协助家庭满足其需求 （4）协调并组织个案会议，让家庭成员表达他们的需求、关注点和愿望 （5）提供转介服务，帮助患者及其家庭获得社会的支持和帮助，协助照顾者得到适当的休息

三、精神卫生领域社会工作的主要方法（熟悉）

考查年份：2016 年，2019 年。本考点考查较少，2016 年和 2019 年各出了 1 道单选题。主要考查方向：精神卫生领域社会工作的干预方法。

（一）需求评估与干预流程

项　目	内　容
需求评估	生理信息、社会信息（家庭、社会支持、社会环境）、心理信息
干预流程	（1）针对患者 ①新入院时：了解患者的情况、社会心理评估 ②住院中：进行个案、小组工作、沙龙活动 ③出院前：出院计划、出院评估 ④出院后：跟踪服务、转介社区康复 （2）针对照顾者 ①新入院时：观察和了解患者家庭环境 ②住院中：个案会谈、小组工作、心理教育 ③出院前：指导其患者出院后的照顾方式

(二)干预方法

方 法	内 容
认知行为治疗	认知行为治疗步骤:详细讲述问题行为→收集数据→设定目标→行为介入→家庭作业→强化行为改变①→认同行为改变②→防止故态复发
小组工作	小组工作的类型主要以教育型和治疗型为主 引导成员在小组内分享经验、提供情绪支持、回馈,使患者了解疾病、配合治疗、恢复信心

①强化行为改变:促使患者充当自己采用新行为方式的强化者;②认同行为改变:患者需在行为改变后赞许自己,将行为的改变归功于自己而非社会工作者。

母题精选

【单选题】为了配合抑郁症患者大刘的临床治疗,社会工作者小赵对他进行了个案辅导。在服务过程中,小赵引导大刘认识到他的积极改变是自己努力的结果。小赵的这种做法属于认知行为治疗中(　　)。(真题)

A. 行为改变的强化　　B. 行为改变的表达

C. 行为改变的认同　　D. 行为改变的支持

【答案】 C

四、人口和计划生育领域社会工作的主要方法(了解)

本考点考查较少,暂时未考过。

项 目	内 容
方法	(1)运用优势视角评估策略,协调各团队之间的工作 (2)社会工作者既是服务的传递者、资源的动员者,也是政策的倡导者和服务对象权益的维护者 (3)依托社区成员的积极参与,针对不同的群体综合运用不同的方法

章节练习

用手机微信扫描【章节练习】旁的二维码或用电脑浏览器打开 https://shegong.ek100.cn/即可进入智能题库进行章节练习。

第十四章　企业社会工作

本章应试分析

本章主要介绍了企业社会工作的相关内容，是2015年新增的内容。在历年考试中，本章涉及分值约为4~5分，近几年分值稳定在5分，通常会有3道单选题，1道多选题

本章属于2015年新增的内容，考生在学习时除了关注历年考过的考点外，对于以前年度未考过的考点也不可掉以轻心。

思维导图

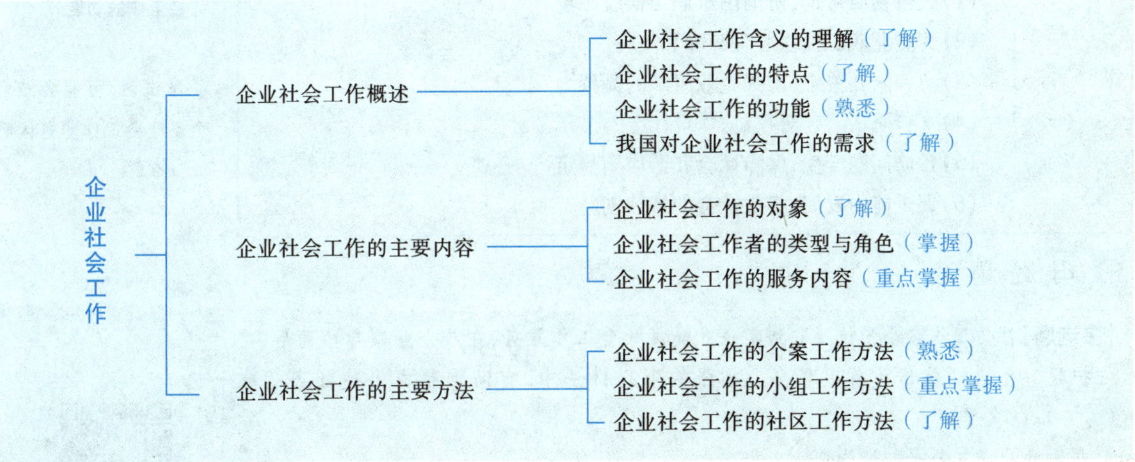

名师同步精讲

名师指导

第一节　企业社会工作概述

一、企业社会工作含义的理解（了解）

本考点考查较少，暂时未考过。

项　目	内　容
含义的理解	(1)企业社会工作的提供者：专业社会工作者 (2)核心工作对象：企业职工 (3)工作的场域：企业内外 (4)工作内容：与职工的工作岗位适应、劳动环境协调、职业福利保障、职业生涯发展以及劳动关系协调等有关的服务工作与管理工作 (5)工作目标：通过促进职工发展和福利目标实现，保障职工利益、提升劳动效率、促进企业和职工共同发展

二、企业社会工作的特点(了解)

本考点考查较少,暂时未考过。

项目	内容
特点	(1)争取职工的职业福利(核心内容) (2)协助监督企业落实涉及职工权益的法律、法规,维护职工福利权益(手段) (3)因地制宜开展和设计有特色的服务项目(主要任务) (4)兼顾公共性、公益性与多方共赢的统一(主要策略)

三、企业社会工作的功能(熟悉)

考查年份:2017 年。2017 年出了 1 道多选题。主要考查方向:企业社会工作的功能。

考试时,可能会结合企业社会工作服务内容进行考查。

项目	内容
功能	(1)提供物质帮助,协助困难职工摆脱困境 (2)为企业职工提供心理疏导和支持 (3)协调内外关系,增强企业组织的凝聚力 (4)维护职工的合法权益,体现社会公平正义 (5)预防问题产生,保障社会和谐均衡稳定 (6)促进能力发展,实现社会的持续创新

母题精选

【多选题】社会工作者小张被派驻到某企业提供社会工作服务,在与企业领导协商后,将维护职工合法权益作为首要任务。小张的下列做法中,有助于完成上述任务的有(　　)。(真题)

A. 推动企业建立公平和谐的企业文化

B. 协助遭遇工伤的职工做好社区康复工作

C. 协助职工制订符合实际的职业生涯规划

D. 对工作压力较大的职工及时进行情绪疏导

E. 妥善处理职工与管理者之间发生的矛盾冲突

微信扫描

【答案】 AE

四、我国对企业社会工作的需求(了解)

本考点考查较少,暂时未考过。

项目	内容
需求	(1)职工人数不断增加,企业社会工作的服务对象增多 (2)强资本弱劳动,维护社会公平和公正任务艰巨 (3)职业的压力不断增大,需要发展为职工服务的企业社会工作 (4)下岗、失业者群体不断出现,需要大量的帮贫解困的工作 (5)“80 后、90 后”新型劳动者群体,需要更加人性化的服务

第二节　企业社会工作的主要内容

微信扫描

一、企业社会工作的对象(了解)

本考点考查较少,暂时未考过。

项　目	内　容
服务对象	(1)企业内的职工个体及职工家属 (2)企业内的职工群体 (3)企业整体或企业内的管理部门 (4)一个行业或一个社区 (5)整体社会

二、企业社会工作者的类型与角色(掌握)

考查年份:2017～2019年。2017年、2018年和2019年各出了1道单选题。主要考查方向:企业社会工作者的角色。

项　目	内　容
社会工作者的类型	(1)企业内部的社会工作者(独立设置的社会工作部门、设置在工会内的社会工作部、人力资源部门工作的专职社会工作者) (2)社会组织中的企业社会工作者(专门从事企业社会工作服务的社会工作事务所、提出企业社会工作服务方向和服务项目要求的协会、基金会等) (3)政府部门的企业社会工作者(与企业职工利益相关的业务部门) (4)工会等人民团体中的企业社会工作者(职工利益代表者) (5)社区服务中心和社会工作站中的企业社会工作者(广泛联系各类辖区企业和劳动者)
社会工作者的角色	(1)咨询辅导者:为企业职工就职业和生活问题提供咨询辅导 (2)促进者(支持者/使能者):给予支持和鼓励,协助挖掘潜能,提高解决问题能力 (3)联结者:连接职工与其所需要的资源 (4)调解者:调解职工在职业和生活中与企业相关部门和人员的冲突 (5)教育者:为职工提供职业和生活相关的教育培训 (6)协调者:协调职工在职业活动过程中遭遇的危机 (7)倡导者:倡导企业维护职工权益、承担社会责任;倡导职工维护自身权益

母题精选

【单选题】正在工作试用期的小李未通过第一次岗前培训测试,按规定他有一次参加补测的机会,如果还不能通过,就会被辞退。小李担心不能通过补测而非常焦虑,并因情绪不好与同事发生了冲突。社会工作者小刘得知这些情况后,协助小李增强自信,提高情绪管理能力,改善了与同事的关系,最终通过了补测。在服务过程中,小刘承担的主要角色是(　　)。(真题)

A. 调解者　　B. 联结者　　C. 促进者　　D. 倡导者

微信扫描

【答案】C

三、企业社会工作的服务内容（重点掌握）

考查年份：2015～2019年。属于必考点，每年会出1～2道单选题，偶尔还会出1道多选题。主要考查方向：企业社会工作的服务内容。

项　目	内　容
服务内容	（1）职工福利服务：弥补工资不足，改善基本生活，提升满意度，留住人才 （2）职工职业生涯规划：帮助职工进行自我职业生涯设计，促进职业生涯发展 （3）职工情绪管理：疏导不良情绪，改善心情状态 （4）职工素质提升：①合法权益维护的增权，自我权利意识的提升；②参与职业教育，提高自身技能和工作胜任能力；③激励职工工作，培养健康的工作态度和高效率工作的能力 （5）职工安全与健康：①消除或减少不安全因素；②为因工受伤或患病员工提供援助；③协助争取补偿，维护合法权益；④社区康复，协助其回归社会，重返社区，改善社区环境，增加社区共融 （6）职工休闲生活与服务 （7）职工工作与生活平衡的服务：采取措施，解决职工的实际困难和后顾之忧，提升职工的幸福感和归属感 （8）劳动关系协调：协助解决职工间的矛盾和冲突 （9）企业文化和职工文化建设 （10）困难群体关怀：关爱困难群体，提供社会支持和社会保护 （11）企业履行社会责任：不歧视职工、不使用童工、不使用强迫性劳动，创造安全卫生的工作环境等

母题精选

【单选题】煤矿工人老王患有砂肺病多年，呼吸困难，身体虚弱，丧失了劳动能力。老王要求企业支付医疗费用和营养费，但遭拒绝，于是老王向社会工作者小马求助。小马在制订服务方案时，需设定的工作目标是（　　）。（真题）

A. 协调劳资冲突　　B. 提升老王的身体素质

C. 协助老王平衡工作和生活　　D. 为老王提供职业生涯规划服务

【答案】A

【单选题】某企业最近安全事故频发，调查发现，其原因是员工对工作过程中存在的安全隐患常存侥幸心理，不按工作规程要求采取安全措施。为解决此类问题，社会工作者应运用社会工作理念，协助有关部门为职工开展的服务是（　　）。（真题）

A. 情绪管理　　B. 权益维护

C. 职业安全教育　　D. 职业生涯规划

微信扫描

【答案】C

【单选题】某企业社会工作者为员工策划了幼儿照顾、家庭和婚姻辅导及闲暇娱乐等服务，上述服务可实现的目标是（　　）。（真题）

A. 改善劳动关系　　B. 平衡职工的生活与工作

C. 保障职工安全　　D. 帮助职工困难群体

【答案】B

【多选题】在企业"去产能"过程中,会有部分职工受其影响而下岗失业。针对这一情况,社会工作者应该开展的工作有( )。(真题)

A. 不良情绪疏导
B. 组织专家为职工提供相关技术培训
C. 协助协调劳动关系
D. 关爱企业职工中的困难群体
E. 开展劳动竞赛

【答案】 ACD

【单选题】某企业有相当数量的新员工对企业没有归属感,缺乏人生目标,工作动力不足。社会工作者小林通过小组工作帮助他们辨识理想与现实的差距,自我发展的路径。小林在小组工作过程中为职工提供的服务是( )。(真题)

A. 规划职业生涯
B. 改善工作态度
C. 提升工作效率
D. 平衡工作与生活的关系

【答案】 A

【多选题】社会工作者小唐协助某造纸企业设计了推进企业履行社会责任的实施方案。下列内容中,属于企业履行社会责任的有( )。(真题)

A. 注重环境保护,加大环保投入
B. 注重成本控制,提高生产效率
C. 注重合法用工,保障职工权益
D. 注重创造利润,保障经营收益
E. 注重社会公益,参与慈善活动

【答案】 ACE

第三节 企业社会工作的主要方法

一、企业社会工作的个案工作方法(熟悉)

项 目	内 容
个案工作的分类	(1)一般信息咨询问题:企业的各项作业程序;企业内外的相关资源;劳动及社会保障法规 (2)人际交往和感情问题:交友圈狭窄,很难融入企业;交友不慎;恋爱问题等 (3)家庭问题:婚姻关系失调;代际冲突;家庭暴力 (4)适应问题:工作适应不良;生活环境适应不良;人际关系适应不良 (5)情绪问题:焦虑、紧张问题;无助、想家问题;沮丧、忧郁问题;恐惧、害怕问题;情绪和心理问题 (6)资源提供与心理支持:下岗职工和失业人员再就业的心理与社会支持;工伤(亡)事故的补偿与危机干预;疾病或突发事件导致的生活困难和精神痛苦的辅导与援助等 (7)法律援助与权益保护:协助处理工伤事故赔付、劳动保护与保险问题、工资拖欠与克扣等问题
服务对象来源	管理人员发现并介绍的;厂医转介的;职工家属或亲友介绍的;社会工作者主动发现的;自己主动求助的

考查年份:2015 年。2015 年出了 1 道单选题。主要考查方向:个案工作的工作流程。

续上表

项　目	内　容
个案工作的工作流程	(1)接案 ①确定服务对象的来源 ②了解服务对象的基本资料 ③明确服务对象求助的问题及其需求 ④与服务对象确立信任和合作的服务关系 (2)预估 明确服务对象的问题境况和确定社会工作的资源 (3)计划 包括服务要达到的目标和为了达到目标采取的行动及介入策略 (4)介入 ①协助疏解不良情绪、纠正行为偏差、澄清偏激的观点和想法 ②鼓励服务对象增强自信心,发挥潜能 ③帮助服务对象调整社会关系,寻求社会资源和社会支持 (5)评估与结案:确认服务目标实现的程度、服务对象改变的程度以及服务方式是否合理有效

考生需要结合社会工作实务通用过程的内容进行学习。

母题精选

【单选题】某企业近期职工流失比较严重,人力资源部门请求社会工作者老严帮助。在为该企业提供服务的过程中,老严首先需要做的是(　　)。(真题)

A. 评估职工流失原因与服务需求　　B. 与人力资源部门协商制订服务计划

C. 引导职工合理流动　　D. 提高职工的工资和福利

【答案】A

二、企业社会工作的小组工作方法(重点掌握)

考查年份:2016～2019年。一般会出1道单选题。主要考查方向:①小组工作的类型;②小组工作的工作流程。

项　目	内　容
工作对象和内容	(1)对职工:协助适应工作环境、增加生活乐趣、解决心理困扰、学习社交技巧、适应劳资关系、促进劳工福利、改善工作环境等 (2)对管理人员:提高管理与领导能力、帮助了解职工的心理动力、协调劳资关系、寻求合理有效的生产方式等
小组工作的类型	(1)兴趣娱乐小组:丰富职工休闲生活、增加生活乐趣,学习娱乐技巧,陶冶性情 (2)成长小组:个人的成长和正向的改变 (3)支持小组:社会工作者要指导和协助小组成员讨论自己生命中的重要事件,充分发挥小组成员自主性,鼓励成员分享经验并协助解决彼此的问题 (4)教育小组:帮助成员学习新的知识和技巧,促使成员更正对自身问题的看法和解决方式。社会工作者的任务如下

结合“社会工作综合能力”第五章中“小组工作的类型”进行学习。

续上表

项　目	内　容
小组工作的类型	①帮助小组成员认识到自己存在的问题并有自己解决问题的需要 ②促使小组成员确立新观念、新视野，改变看问题的角度 ③开展干预服务，降低小组成员的问题行为特征，改变自我 (5)治疗小组：协助成员改变他们的行为，改善个人问题，治疗生理、心理和情绪上的创伤
小组工作的工作过程	(1)需求评估：发现职工生涯规划的难点、当前迷茫状况的原因以及需求 (2)确定目标 ①协助小组成员整理过去经验，进行自我探索 ②促使成员确定自己的生活、工作目标，进行自我规划和决策，计划未来的生活和工作 ③传授职业生涯规划的知识和改变行为方式，具体实施职业生涯规划的方法 (3)招募组员 (4)制订小组计划书，并按计划开展小组活动 (5)评估 ①运用问卷形式调查组员的职业生涯规划意识和相关知识，评估小组活动效果 ②在活动过程中观察组员的表现，了解小组的工作成果 ③使用小组满意度量表和社会工作者自我表现评估表进行评估

母题精选

【单选题】社会工作者小赵发现，部门入职2～3年的职工为未来个人职业生涯发展感到迷茫，找不到工作努力的方向。对此，小赵打算为这些职工举办职业生涯探索小组。在小组工作的准备阶段，小赵正确的做法是(　　)。(真题)

A. 传授职业生涯规划知识

B. 为组员制订职业生涯规划

C. 协助组员进行自我规划与决策

D. 分析评估组员职业发展迷茫的原因及需求

【答案】 D

【单选题】最近社会工作者小张发现，有一些员工工作几年后，工作热情下降，纪律松懈，不能安心工作，且有跳槽念头。针对这种情况，小张应开展的小组工作类型是(　　)。(真题)

A. 娱乐小组　　B. 支持小组

C. 成长小组　　D. 治疗小组

【答案】 B

三、企业社会工作的社区工作方法(了解)

本考点考查较少,暂时未考过。

项 目	内 容
社区工作方法	(1)遵循社区工作的一般过程(调查研究职工与企业相关状况,了解需求,获取资源;制订计划;实施计划,做好监督、控制与评估) (2)采取多种形式动员组织职工参与社区活动 (3)通过社区活动参与,增加职工的归属感 (4)通过休闲娱乐活动使员工放松身心,增进交流 (5)通过组织宣传,汇集职工意见,引导其合理合法地表达自己的意见,维护自身权益,提升自我权利意识,消除因不良沟通引起的冲突

章节练习

用手机微信扫描【章节练习】旁的二维码或用电脑浏览器打开 https://shegong.ek100.cn/即可进入智能题库进行章节练习。

附录一 综合检测

在系统地学习了本科目知识之后，考生需要通过综合检测来检查前面所有知识点的学习和掌握情况，本书的配套题库系统中包含了大量的考试真题试卷、押题试卷和模拟试卷，可供考生练习测试。在题库系统中，试卷的考试题型、考试时长、考点分布均与真实考试一致。考生扫描下方试卷旁的二维码，即可进入题库进行练习，也可以直接进入智能考试题库系统进行练习。

一、真题必练

2012～2019 年《社会工作实务》（初级）真题试卷
《社会工作实务》（初级）历年真题汇编（一）～（二）

二、模拟押题

《社会工作实务》（初级）押题试卷（一）～（二）
《社会工作实务》（初级）模拟试卷（一）～（二）

附录二　智能考试题库系统使用指导

一、题库系统主要功能介绍

(1)考点速记。名师总结重要考点,40%的篇幅涵盖了考试80%的考点。

(2)章节练习。海量章节试题库,可按章、节考点抽题,与教材同步。

(3)真题试卷。海量新考真题,与真考题库同步更新,通关利器。

(4)押题试卷。命题专家根据真题命题规律出题,考前必练。

(5)模拟试卷。完全模拟真题的考点分布、出题角度以及难易程度。

(6)错题训练。做题过程中的错题自动记录进错题库,进行错题训练,可以查漏补缺。

二、智能题库安装激活指导

本书配套题库学习系统设计了智能题库,包括智能题库微信版、智能题库网页版,适合不同的终端使用,满足了考生多样化的学习环境需求。

(一)智能题库微信版

第一步:考生可以通过手机微信关注我们的公众号:未来社工,点击下方【开始学习】,选择【考试题库】。进入之后,根据提示,允许登录题库系统后,进入选课界面,选择【社会工作者考试(初级)】下的两个科目,进入课程主页。

第二步:激活科目。进入科目主页后,点击左上角【激活】,输入本书封底的激活码,进行激活。

注意:输入激活码的时候,注意区分大小写,要在英文状态下输入,并且不能有空格。

(二)智能题库网页版

考生可在电脑浏览器输入网址 https://shegong.ek100.cn,进入网页后,点击【开始学习】,用微信扫描授权登录。登录之后,考生即可选择课程题库。

注意:智能题库微信版和智能题库网页版二者共用账户,数据同步,激活其一,另一个自动激活。本指导以先激活微信版为例,若考生想先激活网页版,亦可参照微信版激活方法。

关注未来社工
微信公众号:wljysg

微信扫码获取智能题库激活码

扫描左侧二维码,进入智能题库,使用激活码可激活。
智能题库微信版和网页版,激活一版另一版自动激活。